Serie Aventura del espíritu 2

LA CIENCIA DE LOS ÁNGELES

Capítulo 5 del curso Conoce a los Maestros

Summit University

Porcia Ediciones
Barcelona Miami

Título original:
MEETING THE MASTERS - A SACRED ADVENTURE SERIES 2, Chapter 5: The Angelic Kingdom
by Mark L. Prophet, Elizabeth Clare Prophet and Staff of SUMMIT UNIVERSITY

63 Summit Way, Gardiner, Montana 59030-9314, U.S.A. (Tel: 406-848-9500 Fax: 406-848-9555 - Email: info@summituniversitypress.com - Web site: http://www.summituniversitypress.com).
This book was originally published as a portion of a larger edition in English and printed in the U.S.A. This Spanish edition is published under the terms of a license agreement between PORCIA EDICIONES, S.L. and SUMMIT UNIVERSITY PRESS.

PORCIA EDICIONES, S.L.
Enamorados 68 Principal 1ª Barcelona 08013 (España)
Tel./Fax (34) 93 245 54 76
E-mail: porciaediciones@wanadoo.es

1ª edición: octubre 2007
Depósito legal: B.44.700-2007
ISBN: 978-84-95513-68-7

Impreso en España por Romanyà/Valls S.A.
Printed in Spain

Índice

A aquéllos que ven su vida al completo cual aventura sagrada; a aquéllos que siempre avanzan sin desaliento, atreviéndose a conquistar, a desafiar vastos mares y a escalar las más elevadas montañas de la conciencia; a aquéllos que en todo momento recuerdan que el camino de ascenso bien vale los inconvenientes: a todos ellos dedicamos este libro, el siguiente paso en el sendero espiritual.

Introducción

Bienvenido al segundo curso[1] de la serie *Aventura del espíritu*, titulado *Conoce a los Maestros*. En él damos paso a un estudio más profundo de las etapas que, en la práctica, te permitirán progresar con mayor rapidez en el sendero espiritual, llevar a cabo la misión de tu alma y reunirte con tu realidad divina; todo ello a la vez que te ocupas de los pormenores del día a día. A continuación te ofrecemos un breve resumen de lo que el curso te reserva.

---

[1] En esta edición en español se publica la lección quinta correspondiente al segundo curso de la serie *Aventura del Espíritu*. [N. de E.]

Tú formas parte de un amplio conglomerado de seres de luz que se compone no sólo de otras personas, sino de maestros ascendidos[2], de ángeles, de seres cósmicos e incluso de espíritus de la naturaleza, todos los cuales desempeñan un papel integrante en el teatro de la vida. Posees un proyecto espiritual original que es del todo individual y único: da forma a tu cometido, a tus obligaciones y a los dones que estás en disposición de ofrecer a la vida. Asimismo, en tu interior anida una chispa de divinidad, que es el motor de energía infinita capaz de proporcionarte los medios para emprender tu búsqueda espiritual. Esa chispa está singularmente tejida a base de fundas de luz que rodean tu alma y tus cuatro cuerpos inferiores: los vehículos etérico, mental, emocional y físico, los cuales te facultan para desenvolverte por el mundo.

El alma y los cuatro cuerpos inferiores se alimentan de siete rayos espirituales de luz los cua-

---

[2] Los maestros ascendidos son nuestros hermanos y hermanas mayores de luz, que proceden de todas las eras, culturas y religiones. En otro tiempo también fueron habitantes de la Tierra igual que nosotros ahora. A través de muchas vidas de devoción y esfuerzo espiritual, han conseguido completar su estancia en la Tierra y así regresar de nuevo al reino espiritual del cual una vez vinieron.

les son componentes esenciales de tu verdadero ser. Descubrir qué rayos de luz son los elementos fundamentales de tu singularidad y de tu viaje de vuelta al Espíritu constituye una parte emocionante de esta colosal aventura llamada vida. Los libros de este segundo curso de la serie te ayudarán a explorar los tres primeros de estos siete rayos. Te transmitirán la luz que contienen, al tiempo que te ofrecerán modos adecuados de experimentar con los rayos y de valerte de ellos en la vida cotidiana. En cuanto lo hagas, podrás asimilar sus cualidades y adquirir una comprensión gráfica de tu identidad espiritual distintiva. Todos los maestros ascendidos se han especializado en la aplicación de uno de estos rayos, de modo que son capaces de brindar inapreciable ayuda e instrucción en lo concerniente a encarnar esas virtudes.

A medida que estos libros te van guiando desde el nivel de la conciencia humana hasta el aire enrarecido del Espíritu, los maestros ascendidos se van tornando bastante tangibles, mientras extienden sus manos y su corazón con el fin de elevarte a su nivel de conciencia iluminada. Algunos de sus nombres te resultarán conocidos, aunque otros, nuevos; así que unos cuantos se te darán a conocer. Al proceder a un estudio exhaustivo de los maestros que sirven como chohanes (señores) de los tres primeros rayos y otros maestros ascendidos de especial relevancia, te sentirás mucho más cerca de estos hermanos y hermanas de la humanidad. En cuanto decidas seguir a uno o a varios de tu elección, recita sus mantras y pon en práctica los consejos que se te brindan para atraerles hacia tu corazón. Ellos, a cambio, te ayudarán a transformar tu conciencia en la de tu Yo Superior.

Cada libro contiene diversos apartados. «Sabiduría de los maestros» se basa en instrucción y reflexiones de los maestros ascendidos. «Conoce a...» consiste en un breve perfil de las encarnaciones, así como la personalidad humana y divina de un maestro ascendido determinado estudiada en relación con los temas tratados en cada capítulo.

El apartado «El poder liberador de la Palabra» que se encuentra en cada libro explica la ciencia de la Palabra hablada, un método singular de técnicas espirituales que incorpora el uso de rítmicas oraciones pronunciadas en voz alta, denominadas «decretos», así como la visualización y la meditación, a fin de invocar la luz divina para producir cambios constructivos en tu vida. Estas poderosas herramientas pueden aumentar enormemente la eficacia de tu trabajo espiritual. Los temas se han dispuesto en una espiral ascendente, siendo cada uno en debate más avanzado que el anterior. Puesto que estas lecciones retoman la ciencia de la Palabra hablada allí donde la *Aventura del espíritu*[3] (primer curso de la serie) lo dejó, recomendamos encarecidamente que leas ese libro si no conoces con precisión esta ciencia única.

Intercalados entre los que versan sobre los rayos, se encuentran otros capítulos impactantes y motivadores. Por ejemplo, hallarás instrucción que te permitirá trabajar con los maestros veinticuatro horas al día, durante el sueño o la vigilia, mientras tu alma viaja de noche para estudiar con ellos en sus retiros etéricos. Encontrarás asimismo un estudio pormenorizado sobre la llama trina, esto es, la chispa divina que hay en tu corazón y que es fundamental para la evolución de tu alma y la ascensión.

Libros futuros de esta serie *Aventura del espíritu* completarán la exploración de los siete rayos. Cuando los hayas leído, poseerás un entendimiento más profundo sobre tu sendero personal de desarrollo

[3] *Aventura del espíritu* (primer curso), Barcelona: Porcia Ediciones, 4ª ed., 2006.

espiritual en uno de estos rayos espirituales,así como sobre el modo en que los rayos de luz están hilvanados de forma integrada en tu conciencia, logro y expresión singularizada de la conciencia crística universal.

¡Buen viaje en esta progresiva andadura de tu vida que es una aventura del espíritu! Si deseas echar un vistazo al mapa que conduce a esta etapa del viaje, te ofrecemos en la pág. 140 y siguientes un breve resumen del primer libro y curso de la serie *Aventura del espíritu*.

La ciencia de los ángeles

SABIDURÍA
DE LOS MAESTROS

Los ángeles están a tu servicio

El reino espiritual está repleto de ángeles prestos a entrar a la Tierra en respuesta a nuestras oraciones y llamados sinceros. Los ángeles anuncian acontecimientos importantes, rescatan almas y nos traen iniciaciones. Sirven en todos los ámbitos de la vida y quieren implicarse más en los asuntos de todo el mundo. Están ansiosos por ayudar, iluminar, consolar, inspirar, curar y advertirnos de los peligros. Son los amigos en que uno puede confiar más.

Se han escrito en las últimas décadas multitud de libros que dan testimonio de las milagrosas hazañas de los ángeles. Ya partiendo de los años cincuenta, incluso antes del aumento de la popularidad de estos seres, los maestros ascendidos empezaron a ofrecer singulares reflexiones sobre el reino angélico que complementan lo que generalmente se conoce sobre dichos seres celestiales. Este libro hace un breve repaso de la historia de los ángeles en diversas creencias espirituales, describe quiénes son estos elevados seres y explica los muchos tipos de servicio que nos prestan por ser nosotros hijos e hijas de Dios. Asimismo, te presenta a los arcángeles de los siete rayos y a las arcangelinas, que son sus complementos divinos.

Los maestros ascendidos también revelan cierta información indispensable a fin de conseguir la ayuda de estos serviciales amigos de la luz. Al aplicar sus numerosos consejos, conscientemente podemos involucrar a los ángeles en nuestros asuntos cotidianos y ofrecer asistencia de su parte para nuestra familia, nuestra nación y el planeta entero.

Los ángeles en tu vida

Puesto que el reino angélico se integra en el plan cósmico, ten la certeza de que los ángeles son, y han sido, parte de tu vida. Un buen comienzo para reconocer este hecho es en tu experiencia personal con ellos, ya sea efímera o profunda. Tal vez ni siquiera lo hayas notado externamente.

AUTOEVALUACIÓN: *La presencia de los ángeles en tu vida*

Este pequeño examen te será de ayuda a la hora de reflexionar sobre tu relación con los ángeles. Observar el papel que desempeñan en tus asuntos puede a la vez contribuir a que des los pasos necesarios a fin de trabajar con ellos de manera eficaz. Marca con una cruz debajo de «sí» o «no» en las preguntas que leerás a continuación en respuesta a las afirmaciones.

Mi experiencia con los ángeles

1. He pensado poco o nada en los ángeles.

   Sí No

2. He deseado comunicarme o tener experiencias con los ángeles.

   Sí No

3. He sentido la presencia de los ángeles aunque no los he visto.

   Sí No

4. Sé de alguien que ha tenido alguna experiencia con los ángeles.

Sí No

5. Los he visto personalmente o he tenido al menos una experiencia con ellos.

Sí No

Pondera tus respuestas a las afirmaciones contenidas en esta evaluación. Si has tenido experiencias con los ángeles, te encantará saber cómo trabajar con el reino angelical de un modo práctico y preciso. Si no las has tenido pero desde siempre has deseado relacionarte más de cerca con ellos, este libro te proporcionará muchas ideas para que las apliques en tu vida diaria. Si no has pensado mucho o nada en ellos, quizá las siguientes páginas te incitarán a plantearte cómo hacerte amigo de ellos y a incorporarlos a tu vida.

Los ángeles existen

Estamos viviendo en una época en la que muchas personas van en busca de los ángeles y creen en ellos. Un sondeo de la opinión pública del año 2001 reveló que el 79 por ciento de los estadounidenses creen en los ángeles. En un sondeo anterior, el treinta y dos por ciento afirmó haber sentido la presencia de un ángel. Miles de personas han atestiguado la intercesión de estos seres en su vida. A continuación, te presentamos dos relatos memorables de recientes apariciones de ángeles. Una ocurrió en el espacio y otra, en una calle cualquiera.

Ángeles en el espacio

En 1985, durante la mañana del día 155 en que unos cosmonautas rusos habían estado viajando por el espacio, una deslumbrante luz envolvió a la estación espacial. Era tan cegadora que temieron se tratara de una explosión. Al mirar por la ventana, vieron siete figuras gigantes de 100 pies (30,5 m. aproximadamente) de estatura. Tenían forma humana pero poseían unas alas tan amplias como un avión reactor. Encima de la cabeza se les veía una aureola dorada. El pasmado comandante informó a la base de tierra: «Se parecen a lo que en la Tierra llaman... ángeles». Diez minutos después, los ángeles se esfumaron tan repentinamente como habían venido.

Doce días más tarde, llegaron otros cosmonautas soviéticos a la estación espacial en una misión programada. Llevaban a bordo menos de una hora cuando la estación quedó de nuevo envuelta en una brillante luz que les cegó a los seis durante un tiempo. Al mirar hacia el espacio vieron a siete majestuosos ángeles... que les sonreían.

Sin embargo, no todas las visitas angélicas son ajenas a este mundo. Muchas están bien arraigadas en las dificultades del día a día, tal como revela el siguiente relato.

Encuentro terrenal con un ángel

En el libro *Angel Letters* de Sophy Burnham, Jacquelin Gorman cuenta una vivencia de su madre, quien tenía un tumor cancerígeno en el abdomen. Le dieron veinticuatro horas de vida y tenía ante sí la expectativa de una muerte terriblemente dolorosa. Jacquelin la sacó del hospital y se la llevó a casa para que pudiera morir rodeada de la familia y de los amorosos cuidados que ésta le iba a ofrecer.

Por la noche, la madre de Jacquelin vio cuatro ángeles que sostenían la sábana justo por encima de su estómago. Incluso vio al perro apartar a un ángel para poder dormir él en su lugar preferido. A la mañana siguiente, se había producido un resultado sorprendente: su abdomen estaba totalmente plano. Explicó que los ángeles le habían dicho que Dios había elegido cuándo le había llegado su hora, pero que ella podía escoger el momento. Durante las siguientes seis semanas, realizó muchas cosas que propiciaron una despedida amorosa con la familia y los amigos. En el último momento murió mientras dormía, sujetando la mano de su esposo. Jacquelin está convencida de que los mismos ángeles regresaron para llevarse a su madre.[1]

Ambos ejemplos muestran que los ángeles son seres espirituales que se comunican e interactúan con personas aquí y ahora, no sólo lo hacían mucho

---

[1] Sophy Burnham, *Angel Letters* (New York: Random House, 1991), págs.128-136.

tiempo atrás. Dichos encuentros pueden adoptar diversas formas, desde bendiciones silenciosas hasta ayuda en el día a día. También pueden presentarse como revelaciones divinas.

Recientes revelaciones de los ángeles

Además de haber tenido muchas vivencias con los ángeles, Mark y Elizabeth Prophet han recibido miles de dictados de las huestes angélicas desde la década de 1960. Esos iluminadores mensajes proceden de los arcángeles nombrados en las escrituras, entre ellos Miguel, Gabriel y Rafael. Sus revelaciones en los tiempos actuales transmiten abundante información y entendimiento acerca de estos grandes seres de luz y del reino angélico, parte de lo cual se halla en el libro *Aventura del espíritu.*

Huellas angélicas en la religión

Los ángeles han desempeñado un papel fundamental como mensajeros, asistentes, compañeros, maestros y sanadores en muchas de las religiones y culturas del mundo. Aparecen figuras con alas en antiguas esculturas sumerias, en tumbas egipcias y en relieves asirios, así como en el arte budista del Tíbet y de la India. Y se les menciona en las doctrinas religiosas orientales, tales como el hinduismo y el zoroastrismo. Las creencias judía, cristiana y musulmana admiten asimismo la existencia de los ángeles.

De acuerdo con el islam, el arcángel Gabriel dictó el Corán al profeta Mahoma, y los musulmanes creen que los ángeles se hallan presentes en sus mezquitas para registrar las oraciones que recitan. El islam también enseña que se asignan cuatro ángeles a cada alma. (En las enseñanzas de los maestros ascendidos, esto puede interpretarse como los cuatro cuerpos inferiores de cada persona.) En la tradición zoroástrica, los Amesha Spentas son comparables a los arcángeles judeocristianos.

Los ángeles se aparecen con frecuencia y asumen un papel destacable en la tradición judeocristiana. Sólo en el Viejo y en el Nuevo Testamento las palabras *ángel* y *ángeles* aparecen en total 294 veces.

Arcángel Gabriel y Mahoma

Éstos son algunos ejemplos de las numerosas formas en que los ángeles sirvieron a importantes personajes bíblicos:

- Un ángel detuvo a Abraham, evitándole que sacrificase a su hijo Isaac.
- Jacob luchó con un ángel y no le soltó hasta que éste no accedió a bendecirle.
- Un ángel ayudó a Moisés a guiar al pueblo de Israel hasta la Tierra Prometida.
- Un ángel protegió a Daniel en la guarida del león.
- Un ángel recargó las aguas de Betesda con la luz curativa de su aura.
- El arcángel Gabriel anunció a María que daría a luz a Jesús y le dijo que su prima Isabel daría a luz a Juan el Bautista.
- Un ángel advirtió a José por medio de una visión de que huyera a Egipto con Jesús y María.
- Un ángel proclamó la resurrección de Jesús.

A veces los ángeles han sido el instrumento para cambiar el curso de la historia. En el siglo XV, por ejemplo, el arcángel Miguel inspiró a una campesina, Juana de Arco, para que guiase a todo el ejército francés contra los invasores ingleses. Juana comenzó a oír la voz del arcángel Miguel tan sólo cuando contaba doce años de edad. Continuó siguiendo sus indicaciones durante años, lo cual la guió a conducir a Francia a una victoria definitiva sobre las tropas británicas en Orleáns.

Los nueve coros de ángeles y más cosas

En el siglo VII, el escritor Pseudo Dionisio puso por escrito la primera teoría sistemática de la jerarquía angélica de la tradición judeocristiana. Dispuso los ángeles en tres órdenes y nueve coros conforme al servicio que prestaran, tal como describimos a continuación.

El primer orden está formado por ángeles comprometidos con la presencia inmediata de Dios. Son los coros de serafines, querubines y tronos.

- Los serafines enardecen el corazón con el fervor del amor celestial.
- Los querubines iluminan la mente con sabiduría celestial.
- Los tronos nos afianzan en el bien que hemos iniciado.

El segundo orden agrupa a los coros de poderes, principados y dominaciones. Éstos luchan contra todo lo que es el mal o lo que no es de la luz.

- Los poderes alejan de nosotros al enemigo mortal.

- Los principados rigen nuestra vida ayudándonos a realizar nuestro plan divino.
- Las dominaciones nos dan fortaleza para controlar las pasiones excesivas.

El tercer orden se compone de los ángeles de la guarda, los arcángeles y las virtudes. Todos ellos se dedican en particular a cuidar de la creación de Dios, en lo que entendemos hay que incluir a los hijos e hijas de Dios.

- El nombre 'ángeles de la guarda' o 'ángeles guardianes' ya lleva implícito su propósito. (Hablaremos de ellos más adelante.)
- Los arcángeles nos instruyen acerca de la ley divina.
- Las virtudes cuidan de nuestra salud física y espiritual.

Las categorías de Dionisio han sido de ayuda todo este tiempo. En el siglo XX, las enseñanzas de los maestros ascendidos han ofrecido revelaciones sobre los ángeles, incluidos el concepto y la explicación de su servicio en los siete rayos. Por ejemplo, los serafines sirven en el rayo blanco, los querubines lo hacen en el rosa, y hay arcángeles sirviendo en todos los rayos.

En realidad, existe una multitud de ángeles prestando servicio en todos los ámbitos imaginables. Hay ángeles de la victoria, ángeles de la Navidad, ángeles de la eucaristía, ángeles para las bodas y ángeles que acompañan a cada maestro ascendido. Existen ángeles que pueden ayudarnos a encontrar un lugar donde aparcar el auto, a aprobar exámenes, a resolver relaciones, a limpiar manchas de aceite y a detener guerras. Cierto tipo de ángeles se ocupan de cada nacimiento; otros, de cada fallecimiento, y aún hay otros que toman nota de todos los acontecimientos en la vida de cada individuo. Los ángeles procuran el cuidado y la salud del cuerpo, así como también supervisan la concepción y gestación de criaturas. Un sinfín de ángeles están a nuestra disposición para asistirnos en prácticamente cada aspecto de la vida.

Con tantos ángeles en movimiento por el tiempo y el espacio, va a sernos de provecho aprender algo más acerca de estos seres y de cómo trabajar con ellos.

Como mensajeros de Dios, las huestes angélicas, los poderosos arcángeles, los querubines y los serafines descienden del fuego sagrado, llevando consigo matices del arco iris de alegría, belleza y regocijo. Cual aureolas del alba, anuncian el advenimiento del Cristo en cada hombre. Su amor y orientación infalible son un llamamiento claro y potente que integra al yo inferior y al yo superior en unidad y propósito, en plan y acción. Su amor es un bálsamo de amistad, un ungüento de curación y el aceite de inspiración celestial. Su amor es un imán divino que mantiene a las estrellas en sus rondas designadas, a cada mónada en su lugar correspondiente, y a los átomos de nuestro ser, dispuestos a ejecutar la voluntad celestial. Su amor es un tono sagrado, la música de las esferas, el Espíritu que estimula la naturaleza y todas las cosas bellas.[2]

MARK Y ELIZABETH PROPHET

[2] Mark L. Prophet y Elizabeth Clare Prophet, *The Masters and the Spiritual Path* (Corwin Springs, Montana: Summit University Press, 2001), pág. 254.

La naturaleza de los ángeles

¿Quiénes son los ángeles? ¿Por qué fueron creados? ¿Cuál es su naturaleza? ¿Qué apariencia tienen? ¿Cómo trabajan? Las respuestas a estas preguntas pueden ayudarnos a clarificar nuestra relación con los miembros de ese reino.

Mensajeros de la luz

La palabra 'ángel' proviene del término griego *angelos* y del latín *angelus*, que significan por igual 'mensajero'. Los ángeles son mensajeros de la luz que Dios creó para que sirvieran a las almas de la Tierra como guías, guardianes y amigos.

Ya explicamos en el libro *Un entorno celestial* (Porcia Ediciones, 2005) que los ángeles ensanchan los distintos 'ángulos de la conciencia de Dios', las múltiples y diversas cualidades y virtudes del Espíritu. Cada característica divina es transmitida por un específico rayo de luz cósmica que los ángeles pueden transferir a los individuos de la Tierra y proyectar a situaciones concretas. Los ángeles encarnan las frecuencias de la mente divina y hacen que las vibraciones del Dios Padre/Madre sean fácilmente accesibles a quienes habitan en el plano físico. Sirven de transformadores reductores cuyo fin es transmitir la luz, la energía y la conciencia espirituales a las personas, en la medida en que éstas sean capaces de asimilar. Al igual que un rayo del Sol transporta la luz de éste desde la fuente central, los ángeles llevan la luz de Dios por toda la creación. Los que son más conocidos por la gente son los que sirven en cada uno de los siete rayos principales de la luz espiritual.

Al haber creado Dios a los ángeles a partir de Su propio ser ígneo, son extensiones de Su presencia viva y personifican Su gracia, majestuosidad y poder. Mientras que el Espíritu carece de forma, los ángeles son la esencia del creador en la forma, y vibran a frecuencias espirituales que no suelen ser visibles. La Divinidad puede cohabitar con el hombre por medio de estos emisarios angélicos. De hecho, según rezan algunas religiones, la relación del hombre con Dios se experimenta a través de su relación con los ángeles.

Los ángeles representan el aspecto del Dios Padre/Madre relativo al Espíritu Santo o al amor, que nutre a toda la creación. Poseen enormes cuerpos del sentimiento o del deseo. Expresan las aspiraciones de Dios de compartirse a Sí mismo mientras multiplican los sentimientos divinos. Reconocerás en ellos un sinnúmero de virtudes, entre ellas la fe, la esperanza, la caridad, el honor, la pureza, la integridad, la valentía, la verdad, la curación, la sabiduría, el servicio y la libertad.

El creador recarga a los ángeles para que influyan en la gente y en el entorno con esos intensos sentimientos y vibraciones positivas, de manera que su naturaleza les habilita para infundir en la materia y el Espíritu las cualidades constructivas de la conciencia divina. Tales cambios profundos pueden realmente transformar el cuerpo y el alma de una persona. Los ángeles logran esas transformaciones al generar, por igual, movimiento en el nivel molecular capaz de alterar la materia, y movimiento en el interior de las neuronas capaz de alterar la mente. Los cambios resultantes suelen denominarse 'milagros'.

Vehículos con parada en el Gran Sol Central

Los ángeles se mueven por las galaxias y por el universo. Estos poderosos servidores de ígnea luz viajan desde el Gran Sol Central —el centro de nuestro cosmos— y descienden a nuestro planeta donde depositan la luz que han acumulado.

Podemos imaginarlos yendo y viniendo del altar de Dios, portando literalmente una porción de energía cósmica desde el Gran Sol Central. Nos hacen entrega de ese contenido del cáliz del fuego de Dios, del que podemos apropiarnos y utilizar en un momento dado. Llenan nuestra aura con Su luz cuando están a nuestro servicio, y al hacerlo aportan consuelo ante la aflicción, amor donde haya miedo, verdad donde reine la confusión o el caos, y misericordia y perdón donde exista odio.

Cada ángel que llama a la puerta de nuestra conciencia lleva un regalo personal del Dios Padre/Madre. Cuando abrimos el corazón y nos mostramos receptivos a su luz, nos aviva la esencia sagrada de lo Divino.

Durante tiempos revueltos en la Tierra, los ángeles y arcángeles sirven constantemente a la hu-

manidad con su tremenda energía acumulada de luz. De hecho, lo hacen con tal continuidad que incluso se cansan. Algunos ángeles regresan al Gran Sol Central a fin de recargarse antes de acometer riesgos de nuevo. Otros ángeles acuden a retiros espirituales situados en las profundidades de las más elevadas montañas de la Tierra para descansar, relajarse y cargar las pilas. Pueden tomarse un par de horas, la mitad de un día o un día entero. Mas su devoción los impulsa de vuelta al servicio.

Pues a sus ángeles mandará cerca de ti,
que te guarden en todos tus caminos.
En las manos te llevarán, para que tu
pie no tropiece en piedra.

SALMO 91: 11-12

Regalos de Dios a Sus hijos

Los ángeles son regalos del amor de Dios a Sus hijos e hijas. Los creó a ellos antes que a nosotros porque sabía que necesitaríamos cuidadores celestiales. Cuando alguien reza a Dios en momentos difíciles, ya sepa algo de ángeles o no, quienes responden a sus oraciones y acuden al instante a su lado son las huestes celestiales. Los ángeles ofrecen un enorme poder y protección a los hijos de Dios proporcionándoles acceso directo al Creador. Por supuesto, siempre tenemos contacto directo con la conciencia divina por medio de nuestro Yo Superior. De todos modos, como extensiones de la conciencia de Dios, los ángeles son ayudantes espirituales que pueden hacer por nosotros cosas que nosotros no podemos.

En el libro *Un entorno celestial* leíamos que a los hijos e hijas de Dios se les dio potestad sobre el reino de la Tierra. Esta potestad se ejercita por medio de nuestro libre albedrío; pero la ley del libre albedrío determina que los ángeles no pueden intervenir en nuestra vida a menos que se lo pidamos. Con gran amor, ellos esperan literalmente a ser llamados para actuar a favor de todas las almas de luz. Les llena de alegría ayudar. En realidad, ésa es su razón de ser.

> ¿No son todos espíritus ministradores, enviados para servicio a favor de los que serán herederos de la salvación?
>
> HEBREOS 1:14

Qué aspecto tienen los ángeles

Los ángeles tienen forma, pero es de naturaleza espiritual. Tienen alas porque la luz que irradia su cuerpo son rayos u ondas que parecen plumas. Las alas indican los rápidos movimientos de estos seres por el cosmos. La duplicidad de alas simboliza también la belleza e integridad de Alfa y Omega, el Dios Padre/Madre.

En ocasiones, los ángeles hacen acto de presencia revestidos de toda su majestuosidad, con una inmensa luz resplandeciendo a través de su cuerpo. Ello puede resultar tan impresionante que incluso dé miedo a quienquiera que se le aparezcan. Tales apariciones se reflejan en varias citas de las escrituras, en las que dan inicio a su visita con las palabras «no temas».

Otras veces, los ángeles adoptan forma humana, igual que nosotros. Pueden adoptar cualquier apariencia física que elijan, grande o pequeña, masculina o femenina, infantil, cándida, o prudente y autoritaria. Cuando se manifiestan físicamente, suelen llevar ropa normal. Así es como se muestran en la popular serie televisiva en los EE.UU. *Touched by an angel.**

---

* *Touched by an angel:* Popular serie televisiva en los EE.UU. cuya trama gira en torno a ángeles que acuden a ayudar a personas que tienen problemas, llevándoles mensajes de Dios. [N. de E.]

Ya sea que se les hayan aparecido o no, muchas personas han tenido alguna experiencia con ellos al sentir su presencia a través de una intuición, un sentimiento, un impulso o una voz interna. Cuando alguien está en sintonía con el Espíritu o posee un sentimiento de veneración, tal vez esté en contacto con ángeles. Este contacto puede asimismo producirse durante una meditación, un gran pesar, al escuchar una conmovedora pieza musical o en el transcurso de otras experiencias internas.

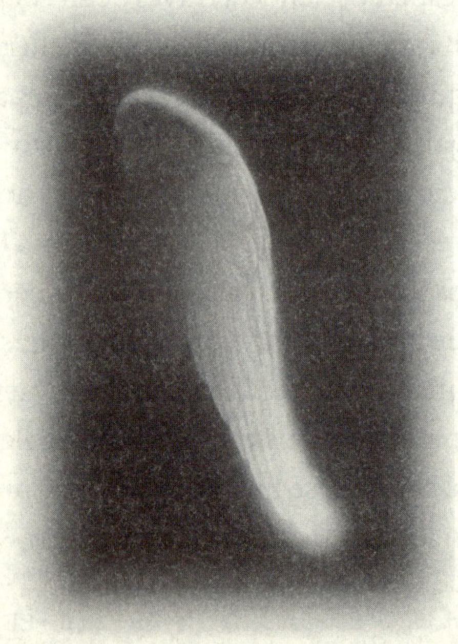

Ángeles encarnados

El capítulo 13 de la Epístola a los hebreos advierte en el versículo 2: «No os olvidéis de la hospitalidad, porque por ella algunos, sin saberlo, hospedaron ángeles». Estas palabras se refieren al hecho de que algunas personas que están evolucionando en la Tierra son verdaderamente ángeles encarnados.

Una infinidad de ángeles sirven en el mundo celestial, mientras que otros han encarnado entre los hombres por creer que podrían brindar más servicio con un cuerpo humano. María, la madre de Jesús, era uno de ellos. Es el complemento divino del arcángel Rafael, y descendió a la Tierra con la misión de dar a luz a Jesús y de criarlo como avatar de la era pisciana. Tuvo otras encarnaciones que la prepararon para la victoria de esa misión.

Muchos otros ángeles han encarnado entre nosotros, incluyendo a Mark y Elizabeth Prophet (como se explica en el apartado «Conoce a ...» de este libro). Ciertamente, numerosos personajes históricos relevantes han descendido desde el reino angélico, y los ángeles encarnados son un hecho más común de lo que uno se imagina. Éste es el testimonio de uno de ellos, una devota estudiante de los maestros ascendidos:

Soy una mujer de cincuenta y tres años que lleva estudiando las enseñanzas de los maestros ascendidos desde hace casi veinticinco años. En 1991, El Morya me reveló a través de Elizabeth Clare Prophet que soy un ángel encarnado. Eso me ayudó a entender un sueño que tuve mucho antes de encontrar estas enseñanzas. He recibido muchas revelaciones por medio de sueños, y ahora me doy cuenta de que ésta es un recuerdo de mi última encarnación, en la que mi conocimiento de los reinos espirituales me permitió ayudar a otros.

El sueño fue bastante corto, pero muy dramático. Llevaba puesto un uniforme de soldado y me encontraba en la playa de Normandía. A mi alrededor todo eran soldados estadounidenses que acababan de morir y no sabían qué hacer. Yo también acababa de morir, pero en cierto modo sí sabía qué debía hacer, así que les dije que me siguieran. Llevábamos el uniforme pero podíamos movernos con libertad en nuestros cuerpos sutiles. Los guié por la playa fuera del campo de batalla hasta una población cercana lejos de la zona de combate. Atravesamos el jardín que había a la entrada de una casa, y nos dirigimos al patio trasero por entre la ropa que colgaba de un tendedero. Una vez estuvimos en ese paraje tranquilo, comenzamos a elevarnos lentamente por el aire. Mientras les iba conduciendo hacia las octavas superiores, me desperté.

Los ángeles encarnados se hallan sujetos a las mismas leyes cósmicas y limitaciones físicas que el resto de la humanidad. Cuando están en un cuerpo físico, poseen cuatro cuerpos inferiores y hacen karma bueno y malo. De todos modos, una vez que han encarnado, tienen el mismo potencial que los hijos e hijas de Dios de convertirse en maestros ascendidos. Y una vez que ascienden, cuentan asimismo con el logro correspondiente por ser ángeles.

El maestro ascendido Buda Gautama habló de los ángeles encarnados en un dictado que data de 1995. Sus palabras ofrecen un breve perfil de su amorosa, infalible y valiente actitud en cuanto a servir a otras almas:

Rezad pidiendo la protección de aquellos poderosos ángeles que han encarnado, se mueven entre la gente y han dado la vida para salvar a otros una y otra vez. Cuando los ángeles que han adoptado un cuerpo humano se presentan ante mí y ante los Señores del Karma pidiendo una audiencia al concluir su vida, muchos de ellos suplican que se les permita reencarnar inmediatamente para reanudar sus esfuerzos a fin de defender a la humanidad de la Tierra contra las artimañas de los malvados. [...] Hay muchos ángeles encarnados, incontables millones, quienes viven tan sólo con el propósito de servir y de ayudar a los demás. Andan en el frente, cuidando de otros que mueren en los campos de batalla. Ellos mismos a menudo pierden la vida en combate, pues su coraje no tiene límites.[3]

---

[3] *Pearls of Wisdom*, vol. 38, nº 21, pág. 213.

Ángeles caídos

Aparte de los ángeles que eligieron servir más plenamente encarnando en la Tierra, existen otros que viven en cuerpos humanos o se mueven por el plano astral, quienes tienen como meta servir a un propósito distinto. Se trata de los ángeles que cayeron de la gracia de Dios hace largo tiempo debido al orgullo o a la lujuria y actualmente andan entre nosotros con intenciones perversas por ser opuestas al bien. En su estado de rebeldía contra la luz de Dios, esos ángeles caídos tratan de frustrar las actividades de Dios y de los hijos e hijas de Él.[4]

Elizabeth Clare Prophet describe a los ángeles caídos por los siguientes calificativos: rebeldía, orgullo, pecado y maldad. Por cuanto han negado a Dios, en efecto han extinguido la llama del Espíritu dentro de sí. Son orgullosos y despiadados, y carecen de luz en la mirada y de amor por nadie. Procuran, además, manipular a los demás para que cumplan sus órdenes.

Esta información no pretende generar miedo, sino que debería reflexionarse sobre ella y entenderse como una explicación para muchos de los males que

---

[4] El libro *Ángeles caídos y los orígenes del mal* trata este tema extensamente.

hay en la Tierra. A veces la gente se halla confusa y pregunta cómo un Dios amoroso puede permitir tanta maldad. La realidad es que, gracias al libre albedrío, los ángeles caídos descendieron de un elevado estado espiritual y eligieron perpetrar obras perversas. De todas formas, y a modo de protección, un Dios amoroso también ha garantizado la ayuda a las almas de luz. Esa protección está fácilmente disponible cuando los portadores de luz utilizan la ciencia de la Palabra hablada para llamar a los ángeles que sirven a Dios y a Sus hijos con la finalidad de que les defiendan en tiempos de necesidad física, emocional, mental o espiritual.

Las huestes angélicas pueden ser de una ayuda inconmensurable en la vida diaria y en el sendero espiritual. Entre los protectores, guías e instructores más poderosos hay que destacar a los siete arcángeles.

Traba amistad con los siete arcángeles

Los arcángeles son los capitanes de todas las huestes angélicas, y fueron creados como principales jerarcas del reino angélico. Son seres majestuosos que personifican atributos divinos y están al servicio de los hijos e hijas de Dios. Trabajan sin descanso para derrotar al mal y promover el bien. Y nos preceden en millones de años. De hecho, Elizabeth Clare Prophet señala que fueron nuestros primeros maestros en el sendero espiritual.

En tiempos tan lejanos como el siglo III a. C., la tradición judía se refería a los arcángeles describiéndolos rodeados de inmensas llamas espirituales de diversos colores. Similar concepto apareció en el siglo XX a modo de enseñanza de los maestros ascendidos, la cual explica que existen siete llamas divinas que reflejan los siete rayos, y un arcángel sirve en cada uno de éstos.

Los arcángeles cuentan asimismo con llamas gemelas, al igual que los hijos e hijas de Dios. De modo que al lado de los arcángeles sirven sus complementos divinos, las arcangelinas. Los términos *arcángel* y *arcangelina* comparten la raíz griega *arch*, que significa «dirigir» o «regir». Juntos, los arcángeles y sus arcangelinas concentran las polaridades masculina y femenina, o alfa y omega, de su rayo concreto de servicio. Llamar a uno siempre invoca la presencia del otro.

Elizabeth Clare Prophet ha definido a los arcángeles como arquitectos divinos. Dios los utiliza para que dibujen los planos de Sus proyectos y para que los ejecuten. Se trata de constructores y diseñadores cósmicos en el más amplio sentido de la palabra. Proyectan sobre nuestra mente el proyecto divino espiritual de cada empeño, del menor al mayor.

Los arcángeles también curan, y se presentan ante nosotros como nuestros cirujanos con el propósito de reparar nuestra alma y nuestros cuatro cuerpos inferiores. Imagina el poder de los arcángeles, quienes durante millones de años han afirmado la realidad de Dios y expandido en su ser la luz espiritual. Cuando se encuentran en medio de nosotros, nos ministran y purifican transmitiéndonos las grandes cantidades de luz que han acumulado. El uso adecuado de ese estímulo de energía de los ángeles puede ayudarnos a realizar mayores progresos en el sendero espiritual.

Aprender cosas acerca de los arcángeles y las arcangelinas de los siete rayos y aquello en lo que están especializados —y conscientemente trabar amistad con ellos— contribuirá además a que nos relacionemos con ellos de una manera más íntima y efectiva. La siguiente enseñanza incorpora algunas claves sencillas para trabajar eficazmente con estos magníficos siervos de la luz.

ARCÁNGEL MIGUEL

Arcángel Miguel y arcangelina Fe

El arcángel Miguel es venerado en las religiones judía, cristiana e islámica. El nombre de Miguel significa «el que es como Dios». En Josué 5:13-15, consta que se apareció con aspecto de hombre sosteniendo una espada en la mano y se identificó como el capitán de las huestes del Señor. En Apocalipsis 12:7 se le designa como el arcángel que echó («lanzó fuera») a Satán del cielo.

Miguel y su complemento divino, Fe, sirven en el rayo azul —el primer rayo— de la luz espiritual. Ellos nos ayudan a purificar y fortalecer el chakra de la garganta y a dominar todas las cualidades del primer rayo. El rayo azul nos suministra protección física y espiritual y es fundamental para manifestar correctamente poder y liderazgo. Es a la vez esencial para desarrollar fe y sintonizarse con la voluntad divina y el plan divino de cada cual.

En 1996, el arcángel Miguel ofreció algo maravilloso a los estudiantes comprometidos. Ello constituye un buen ejemplo de cómo pueden cambiar las cosas cuando se trabaja con un arcángel. En un dictado ofreció una ayuda especial a todos los que estuvieran decididos a manifestar el proyecto original de su plan divino establecido en su cuerpo etérico. El modo en que lleva a cabo ese cometido es multiplicando la acción de la llama violeta en el cuerpo etérico, de manera que el proyecto divino original se vuelve más accesible. Con ello, se abre el camino para que los buscadores espirituales afiancen más fácilmente la divinidad en su conciencia y vida diaria.

Miguel dijo: «Cuando te resuelvas a mantener tu proyecto etérico original intacto y sellado, yo, Miguel, acudiré a ti y te enseñare técnicas eficaces que puedes emplear a fin de amplificar la llama violeta en tu cuerpo etérico [...]. Si me acompañas en ese empeño para tu propio beneficio, conocerás una aceleración de conciencia que no has experimentado en muchas vidas»[5]. Al ver despojados del cuerpo etérico la causa, el efecto, el registro y el recuerdo de la energía negativa, los individuos pueden ver más consciente y fácilmente el patrón de su divinidad actuando a cada momento. El quid de la cuestión en este caso es que la determinación del individuo por llevar a cabo su plan divino abre paso a la gracia del arcángel Miguel para darle un enorme impulso no sólo en el rayo azul, sino también en el sendero de automaestría en su totalidad.

---

[5] *Pearls of Wisdom*, vol. 39, nº 37, pág. 203.

En el libro *Aventura del espíritu* se explicaba que las personas pueden pedir al arcángel Miguel ayuda práctica cuando estén en situación de peligro físico o espiritual, ya sea protección personal en situaciones problemáticas de tráfico, o protección de cualquiera que se encuentre en peligro a causa de desastres naturales, guerras u otras situaciones de amenaza.

A continuación, un fíat rápido que puedes dar al arcángel Miguel si alguna vez estás en apuros y necesitas ayuda inmediata. Puede serte especialmente útil en contratiempos del tráfico y en cualquier situación difícil cuando no tengas nada más a que asirte. Hacer este llamado con todo el fervor de tu ser traerá al arcángel Miguel a tu lado al instante.

> Arcángel Miguel, ¡Ayúdame! ¡Ayúdame! ¡Ayúdame! (recítese tres veces)

Arcángel Jofiel y arcangelina Cristina

El arcángel Jofiel, la arcangelina Cristina y sus bandas de ángeles sirven en el rayo amarillo —el segundo rayo—, el de la iluminación. Jofiel significa «belleza de Dios». Cristina infunde la luz del Cristo en la materia. Jofiel y Cristina ayudan a las personas ofreciéndoles sabiduría, entendimiento, inspiración, discernimiento, discriminación, conocimiento de la mente de Dios y todas las actividades relacionadas con el chakra de la coronilla.

En un dictado del año 1989 Jofiel dio una enseñanza sencilla pero profunda para acelerar la unión con el Yo Crístico. De este modo, señaló, puedes conseguir que el yo cósmico camine, piense, hable y sienta a través de ti:

> Cuando digáis algo con un tono de voz de condescendencia, con espíritu de crítica, pesar o depresión, sarcasmo o vibración de chismorreo, sabréis que vuestro Santo Ser Crístico no puede entrar [...]. Hablad como sabéis o creéis que Cristo hablaría, con amor pero con firmeza, con severidad cuando sea preciso, misericordia cuando corresponda, con voz suave cuando sea necesario [...]. Hablad

como lo haría Cristo y él hablará a través de vosotros. [...]

Pensad como lo haría Cristo y él pensará a través de vosotros y la mente de Dios se plasmará en el recipiente físico. [...] Cuando tengáis pensamientos impuros, crueles, críticos, intolerantes, amados corazones, la mente de Cristo no está en vosotros [...]. Cuando tengáis sentimientos que no son los del Cristo compasivo, ya sabéis que Cristo no está en vosotros. [...] Poned en práctica los pensamientos amables, los sentimientos agradables, las palabras cariñosas, y pronto os saldrán con naturalidad [...]. Por último, amados, realizad obras que sabéis Cristo realizaría y rehuid aquello en lo que Cristo no participaría.[6]

Si necesitas más agudeza mental para aprobar exámenes, inspiración para proyectos en el trabajo o más entendimiento para resolver un conflicto, puedes pedir ayuda a Jofiel y Cristina. Ellos también pueden rescatar a la gente de la

[6] *Pearls of Wisdom*, vol. 32, nº 36, págs. 510-11.

ignorancia o ceguera espiritual que tal vez les esté impidiendo equilibrar la llama trina y convertirse en el Cristo.

Éste es un fíat rápido para cualquier situación de tu vida que requiera más profundidad, claridad o iluminación:

> Arcángeles Jofiel y Cristina,
> *¡haced que destelle la llama de la iluminación en mí!*[7] (recítese tres veces)

[7] Es beneficioso repetir las frases entre asteriscos el nº de veces indicado.

Arcángel Chamuel y arcangelina Caridad

El arcángel Chamuel y la arcangelina Caridad sirven en el rayo rosa —el tercer rayo—, el del amor divino. El nombre de Chamuel significa «aquél que busca a Dios». Chamuel se definió a sí mismo como «el amor puro de Dios manifestado con alas»[8]. Él es el ángel que se menciona en Lucas 22:43, que fortaleció a Jesús en el huerto de Getsemaní.

Chamuel y Caridad son poderosos emisarios de la divinidad y se cuentan entre los arcángeles más ardientes e intensos a la hora de expresar el amor. Juntos encarnan el corazón y amor grandiosos del Dios Padre/Madre hacia toda la creación. Ayudan a las almas a desarrollar el chakra del corazón y asisten en todos los asuntos del corazón, incluidos la compasión, la mejora en la comunicación, un amor equilibrado del yo, la extensión de uno mismo hacia los demás, y la creación de belleza por medio de las artes. Todas esas cualidades expanden la pluma rosa de la llama trina gracias a la acción del Espíritu Santo. Con la ayuda de estos ángeles también pueden sanarse pérdidas o divisiones familiares o

---

[8] *Pearls of Wisdom*, vol. 25, nº 47, n.3, pág. 453.

con amigos. Por ser ángeles del amor, los arcángeles Chamuel y Caridad y sus bandas apoyan a todas las almas y desean ayudar siempre que puedan, como harían los buenos amigos. A continuación, leerás un testimonio que refleja lo listos que están para intervenir en la vida de las personas a fin de ayudarlas.

> Años atrás, iba a presentar una conferencia sobre «Cómo trabajar con los ángeles». Antes de que empezara, una mujer joven con un bebé vino a mí para preguntarme si podía asistir sentándose fuera de la puerta lateral de la sala. Dijo que tendría la puerta abierta cuando el bebé estuviera callado y que la cerraría si empezaba a llorar.
>
> Me pareció una buena solución. Sin embargo, al poco de iniciar la presentación, el niño se despertó y se puso a llorar. La madre, respetuosa, cerró la puerta, pero los vagidos del pequeño se hacían cada vez más sonoros, y la audiencia empezó a distraer su atención. Traté de proseguir con normalidad, pero después de un cuarto de hora más o menos, la sala comenzó a rebosar de agitación y parecía imposible continuar.

Me cuestioné si pedir a la madre y al niño que se marcharan, pero de repente sentí el impulso de probar con una solución más espiritual. Cerré los ojos e hice un llamado intenso al arcángel Chamuel. Pronuncié algo así: «Amado arcángel Chamuel, en el nombre de mi Yo Crístico y del de todos los aquí presentes que desean aprender más acerca de los ángeles, asume el control del niño que está llorando en el vestíbulo. Te ruego que envíes consuelo a él y a la madre y que te ocupes de lo que sea que está causando desasosiego o incomodidad al pequeño. ¡Te doy las gracias y acepto que se haga ahora mismo con pleno poder!».

El efecto fue asombroso: ¡El bebé dejó de llorar al instante! Cuando abrí los ojos, se podía oír el vuelo de una mosca, y me descubrí frente a un centenar de miradas. Luego, alguien empezó a reír y otros, a aplaudir. Cuando cesó el entusiasmo, la audiencia se mostró muy deseosa de aprender más. Sobra decir que el bebé no volvió a llorar durante el resto de la presentación.

Desconozco qué fue lo que me impulsó a poner el asunto en manos del arcángel Chamuel, pues no es uno de los que suelo invocar. Pero por algún motivo lo hice, y creo que ese gran ser vio una oportunidad magnífica de demostrar a la audiencia que «trabajar con ángeles» ¡es una posibilidad muy real!

Aparte de trabajar con personas en determinadas ocasiones, el arcángel Chamuel, la arcangelina Caridad y sus ángeles se ocupan de una tarea de más lejano alcance consistente en reunir a llamas gemelas. Como explicamos en el libro *Aventura del espíritu*, el amor entre llamas gemelas es eterno. Fueron creadas originalmente a partir de una chispa única de espíritu y comparten el mismo proyecto divino. Se separaron en dos mitades del todo al entrar en la manifestación física. Si bien sus cuerpos causales reflejan el logro individual de cada uno, son inseparables a niveles espirituales y están destinados a reunirse. Chamuel habló de esta reunificación y de la misión de las llamas gemelas en un dictado en 1986 con estas palabras:

> Vuestro origen no es esta Tierra. Sin embargo, vuestro destino por cuanto permanecéis aquí, peregrinos de la paz, debe ser parte de la realización de la misión cósmica de vuestra llama gemela. Así pues, al pasar, de camino, por este territorio de la Tierra [...] os habéis enredado en los asuntos del mundo que no son los vuestros. Ni tampoco son los de Dios [...]. Apartaos del magnetismo del orden inferior de las cosas. ¡Adentraos en el Nuevo Día! ¡Responded al llamado de vuestro corazón y de vuestra misión! Y si no sabéis lo que es, percataos, entonces, de que la presencia del amor en vosotros, con vosotros y obrando por medio de vosotros, la poderosa obra de todos los tiempos, os revelará esa misión de las llamas gemelas, y en respuesta a vuestro llamado os reunirá con el amado.[9]

Puedes invocar a esos arcángeles para que te ayuden a descubrir la misión divina con tu llama gemela. También, a obtener maestría en el rayo

---

[9] *Pearls of Wisdom*, vol. 29, nº 51, pág. 459.

del amor y a mediar en el resultado positivo de las actividades e interacciones en tu vida diaria. Éste es un poderoso fíat para pedirles que actúen en situaciones de crisis personal o división entre individuos o grupos:

> ¡Amado Chamuel! Te invoco para que recites este fíat conmigo. En el nombre de Dios, YO SOY EL QUE YO SOY, en el nombre Arcángel Chamuel,
> *¡marchaos fuerzas del antiamor!* (tres veces)

Arcángel Gabriel y arcangelina Esperanza

El arcángel Gabriel, cuyo nombre significa «Dios es mi fortaleza» u «hombre de Dios», sirve en el rayo blanco —el cuarto rayo—, el de la pureza. Gabriel es conocido en tres de las principales religiones, el judaísmo, el cristianismo y el islam. En esta última, se le identifica con el ángel que entregó el Corán a Mahoma, y en el cristianismo es el ángel mensajero que anunció a María que ella iba a ser la madre de Cristo.

El arcángel Gabriel y su llama gemela, la arcangelina Esperanza, asisten a los portadores de luz en el trabajo con la luz del chakra de la base de la columna y en el dominio de las cualidades del cuarto rayo: pureza, orden, esperanza, alegría y disciplina. Los serafines de Dios sirven también con Gabriel y Esperanza en el rayo blanco. Cuando deseamos unirnos a la conciencia de la Madre Divina por medio de la pureza de cuerpo, mente y alma, estos ángeles pueden ayudarnos a elevar la luz de la kundalini con esa finalidad. Los serafines vienen con la luz del Gran Sol Central, y nosotros podemos recibirla por asimilación. En cuanto colocan su presencia sobre nosotros, podemos absorber esa energía como una esponja absorbe el agua.

Al aconsejar a las personas sobre el establecimiento de prioridades en su vida, Gabriel ha destacado que servir y retener la luz espiritual debería ser la meta primordial. «Estar resuelto a conservar la luz, a tener luz, a ser luz, a conocer la luz y a ser siervo de la luz aun mientras te conviertes en maestro de esa luz: ésta es la necesidad del momento.»[10]

Gabriel, a quien a menudo se dibuja con una trompeta, es el arcángel de la anunciación, y lleva a cada alma de luz la buena noticia del sendero de la ascensión y de la unión final con Dios.

Elizabeth Clare Prophet ha explicado cuándo ese suceso tuvo lugar en su vida. Tenía dieciocho años y estaba en las escaleras de una iglesia en su pueblo cuando la envolvió una presencia de Dios. Vio y sintió una enorme luz blanca, y se oyó a sí misma decir: «¡Cielo santo, tengo que hacer la ascensión en esta vida!». Más adelante supo que era Gabriel quien le había llevado esa *anunciación*. También ha dicho que Gabriel ha hecho ese mismo anuncio a muchos de nosotros, de lo cual re-

---

[10] *Pearls of Wisdom*, vol. 30, nº 53, pág. 469.

sulta que, de pronto, se nos reclama en el hogar y tenemos mucho que hacer para saldar nuestro karma y lograr esa meta.

Puedes recitar el siguiente fíat, que incluye una afirmación de uno de los dictados de Gabriel, el cual inyectará energía a tu sendero espiritual y te catapultará hacia la ascensión.

En el nombre de Gabriel y Esperanza,
¡YO SOY uno de los santos de Dios! (tres veces)

ARCÁNGEL GABRIEL

Arcángel Rafael y arcangelina María

El arcángel Rafael, cuyo nombre significa «Dios ha curado» o «Dios curará» sirve en el rayo verde esmeralda, el quinto rayo. El Zohar, texto místico judío, afirma que Rafael está encargado de curar la Tierra, así como a los hombres. En el cristianismo, se le venera como el ángel que curó a los enfermos en el estanque de Betesda.

El complemento divino de Rafael es María, la madre de Cristo. Los maestros ascendidos han revelado que Dios llamó a María, una arcangelina, para que encarnara y pudiera, así, ser un día la madre de Jesús. Preparándose para esa misión, María sirvió mucho tiempo atrás en la Atlántida y trabajó en los templos de curación de dicho continente. La Virgen María recibe a veces el nombre de Reina de los Ángeles.

Los arcángeles Rafael y María trabajan con los estudiantes para que dominen la luz del chakra del tercer ojo. Éste y el rayo verde se relacionan con la integridad, la visión, la verdad, la curación, la ciencia, tener un concepto inmaculado de uno mismo y de los demás, y el deseo de manifestar la vida abundante en la Tierra. Estos arcángeles también brindan inspiración a músicos, cantantes y compositores para que generen curación y música inspiradora.

La Virgen María mantiene el concepto inmaculado[11] de cada alma de luz nacida en este planeta. Puedes invocarla para que te ayude a sintonizarte con tu divinidad innata, y a ella y a Rafael para que te curen cuando estés enfermo, cuando necesites visión en un proyecto determinado o cuando un aumento de recursos te viniera bien para realizar mejor tu misión. Llámales también si quieres curar tu alma de dificultades actuales o de traumas del pasado.

El arcángel Rafael ha revelado una clave para nuestra curación e integridad que requiere de una participación activa. Dijo: «Yo, Rafael, me arrodillo en este altar, y apelo al Señor para que haya una aceleración. Acelera, por tanto, todo: el Todo en el todo de estos recipientes. Acelera la vista y la visión de la integridad. Porque os voy a contar un misterio, amados, que no es tal al decíroslo: ¡sólo los íntegros pueden volverse íntegros! Dibujad, pues, el círculo de integridad como un ovoide de luz. Colocaos dentro del ovoide que habéis di-

---

[11] El concepto inmaculado es el concepto puro o imagen pura del potencial del alma. Es la visión del patrón divino original de tu alma tal como fue creada a imagen de la Divinidad.

Virgen María

bujado. Y sabed que esa integridad existe, y puesto que sois íntegros en Dios de principio, podéis ser y debéis afirmar que sois íntegros al final».[12]

Puedes recitar el siguiente llamado y decreto corto para tu propia curación o para la de otro individuo en cualquier momento. Como sucede con todas las oraciones en voz alta, cuanto más a menudo las hagas, mayores serán los resultados. Y cuanto más repitas el estribillo del decreto, más poderosa será la acción.

En el nombre de Rafael y la Madre María,
ordeno a mis cuatro cuerpos inferiores:
¡Sed sanados! (tres veces)
También pido que [menciona tu nombre o el de otra persona] sea curado de [cita el problema o enfermedad], de acuerdo a la voluntad de Dios.

YO SOY la perfección de Dios manifestada
en cuerpo, mente y alma;
¡YO SOY la dirección de Dios fluyendo
para curarme y mantenerme íntegro!
(tres veces)

---

[12] *Pearls of Wisdom*, vol. 29, nº 55, pág. 498.

Arcángel Uriel y arcangelina Aurora

El nombre del arcángel Uriel significa «fuego de Dios» o «Dios es mi luz». Se le menciona en algunos libros judeocristianos. Por ejemplo, en el texto apócrifo el Libro Segundo de Esdrás, a Uriel se le conoce como el arcángel de la salvación.

Uriel y su llama gemela, Aurora, sirven en el rayo morado y oro, el sexto rayo, e instruyen a los individuos para que obtengan maestría en el chakra del plexo solar. Este rayo es el del servicio y el ministerio, la paz, la hermandad, la resurrección y el juicio divino de todo lo que constituye el mal. El rayo morado y oro tiene motas de color rubí, lo cual le añade la intensa acción del amor divino. Genera el deseo de adquirir automaestría en la conciencia crística propia con el fin de servir tanto a Dios como al hombre. Éste es el rayo en el que sirvió Jesucristo.

Al ejercer el poder del juicio discriminador que la luz de este rayo transfiere, Uriel y Aurora separan lo real de lo irreal, y sus ángeles someten todo lo que no es de la luz en los individuos y en la Tierra. Nos suministran vibraciones de paz y hermandad allí donde se les llama. Siempre que exista la necesidad de suavizar desacuerdos o de propiciar hermandad entre las personas, Uriel y Aurora están dispuestos a colaborar.

Estos dos arcángeles son portadores, además, de otra cualidad importante del sexto rayo: la llama de la resurrección. Dicha energía vibrante tiene el poder de infundir curación y vida a todo, devolviendo vigor y alegría cuando se la invoca por medio de la ciencia de la Palabra hablada. La principal función de la llama de la resurrección es impulsar al alma para que se una con lo eterno en el ritual de la ascensión.

Respecto a trabajar para obtener nuestra ascensión o cualquier triunfo personal en esta vida, el arcángel Uriel nos enseñó lo siguiente:

Para realizar tus metas en esta vida, debes afirmar:

¡Paz, aquiétate y sabe que YO SOY Dios!
¡Habla, pues, al yo no transmutado!
¡Habla, pues, al yo indisciplinado!
¡Habla, pues, a tus partes que no estén todavía en el caldero de la llama violeta!
¡Habla a tus cuatro cuerpos inferiores!
¡Habla a esos malos hábitos y diles:

Paz, aquiétate y sabe que YO SOY Dios!
Y cuando lo digas, amado, que sepas que
estás afirmando la presencia YO SOY en ti
mismo. No sólo encima de ti sino ¡*en* ti, *a
través de* ti, siendo tú mismo, el Señor Dios
reina en tu templo![13]

Este fíat puede inyectar con gran intensidad la bella energía de los arcángeles del sexto rayo a tu vida. Transporta la luz de Uriel y marca la pauta para vencer a todo lo que sea inferior al Cristo dentro de ti. Recítalo con todo el fuego de tu corazón devoto y experimenta por ti mismo la paz de este rayo morado y oro. Puedes repetirlo tantas veces como te haga falta para sentir la energía en tu chakra del plexo solar y en tu conciencia operando el cambio y tornándolo más tranquilo.

En el nombre de los arcángeles Uriel y Aurora
¡Paz, aquiétate y sabe que YO SOY Dios!
(tres veces)

---

[13] *Pearls of Wisdom*, vol. 36, nº 11, pág. 132.

Arcángel Zadquiel y arcangelina Santa Amatista

El arcángel Zadquiel y su complemento femenino, Santa Amatista, encarnan el espíritu del rayo violeta —el séptimo rayo— y la era de Acuario. El nombre de Zadquiel significa «justicia de Dios». Él y Santa Amatista ayudan a la humanidad a adquirir dominio en el chakra de la sede del alma.

Estos arcángeles nos traen la llama de la libertad, la alegría, el perdón, la alquimia, la justicia, la transmutación y la liberación del alma. Podemos acrecentar tales cualidades del séptimo rayo en nuestra vida a fuerza de invocar la llama violeta, cuyo uso puede borrar recuerdos del pasado, aportar perdón y aumentar el espíritu de alegría dentro de nosotros. Y cada vez que invocamos a Zadquiel y Amatista, quienes encarnan la llama violeta, fomentamos el cambio en la Tierra y en nosotros mismos. Nos acercamos más a la fusión con nuestro Yo Crístico y contribuimos a preparar al mundo para la entrante era de Acuario.

El propio arcángel Zadquiel habló de la importancia de recitar la llama violeta. Sus palabras fueron: «El éxito de la nueva era [...] depende totalmente de que invoquéis la llama violeta [...]. Y os recuerdo, como han dicho los Elohim, que en vuestro cuerpo causal sois mayores que la vida, porque cuando estáis centrados allí estáis en vuestra verdadera individualidad espiritual. Jamás, jamás penséis que un simple llamado a la llama violeta que ofrezcáis no vale lo que un millón de oraciones de otros que no invocan la llama violeta».[14]

Puedes invocar a Zadquiel y Amatista para que te ayuden a purificarte del karma del pasado y a llenar tu vida de vitalidad. Visualiza la llama violeta eliminando los obstáculos a la liberación del alma mientras haces las siguientes afirmaciones de un dictado del arcángel Zadquiel.

En el nombre de los arcángeles Zadquiel
y Santa Amatista,
*¡YO SOY la libertad sobre la limitación!
¡YO SOY la bendición y el optimismo de
la llama violeta!* (tres veces)

[14] *Pearls of Wisdom*, vol. 38, nº 24, págs. 236-37.

Cuadro de referencia

El cuadro de la página 84 enumera a los siete arcángeles y a sus respectivas arcangelinas, los rayos en los que sirven, el color y el chakra asociados a cada rayo, las cualidades de los rayos y la ubicación de los retiros espirituales de los arcángeles. También incluye fíats que puedes utilizar como ejemplo para cada arcángel.

Visitar a los arcángeles

Al igual que los chohanes de los rayos, los arcángeles tienen retiros en el reino etérico encima de determinados lugares enérgicamente poderosos de la Tierra. El retiro de cada arcángel es un punto de encuentro para los ángeles que sirven en su rayo espiritual. Como se menciona en el libro *Aprende mientras duermes* (Porcia Ediciones, 2006), visitar a los chohanes en las universidades del Espíritu suele ser un requerimiento previo para visitar los retiros de los arcángeles. De todos modos, en un momento dado tal vez sientas el impulso de ir al retiro de un arcángel. Si te ocurre, puedes seguir el deseo de tu alma de viajar allí durante las horas de sueño.

Antes de acostarte, hazles si quieres alguna pregunta concreta o pídeles ayuda con algún problema en particular que estés afrontando. Tu mente consciente quizás no recuerde necesariamente todo lo que aprenda en esos retiros angélicos, pero puede que te lleguen destellos de ideas o respuestas a tus preguntas de la forma menos esperada. Por ejemplo, tal vez recibas inspiración por medio de una observación hecha sin darle importancia por un miembro de la familia o un amigo que te diga lo que necesitas oír. O puede que te tropieces con un artículo que no habías visto antes que te proporcione una determinada información que necesites saber. Los ángeles son ingeniosos y tienen diferentes formas de dar contigo. Tan solo recuerda estar abierto y tener paciencia.

Seguidamente leerás un llamado que te servirá para ir a los retiros de los arcángeles. Elige al arcángel que sirva en el rayo más apropiado para tus necesidades o a quien te sientas más atraído. Utiliza el cuadro de la página 84 para añadir el nombre del arcángel, la ubicación del retiro y tu petición especial en los espacios en blanco.

En el nombre del YO SOY EL QUE YO SOY, pido al amado arcángel Miguel que envíe un ángel que me acompañe en mi cuerpo etérico al retiro de [menciona el nombre del arcángel a quien desees visitar] en [menciona el lugar donde está el retiro]. Pido [haz tu petición personal]. Que se haga de acuerdo a la voluntad de Dios. Amén.

Comunicarse y trabajar con los ángeles

Elizabeth Clare Prophet se ha referido al universo entero edificado a base de relaciones, empezando por la de más arriba con nuestro Dios Padre/Madre, quien deseó tanto expresar un inmenso amor que creó hijos e hijas para compartirlo. También creó a los ángeles para que amaran y sirvieran a esos hijos e hijas. Sabedores de que las mejores relaciones son un flujo bidireccional de energía, los estudiantes que siguen un sendero espiritual no sólo quieren recibir el amor del Dios Padre/Madre y de los ángeles sino también enviar el suyo de vuelta.

Cuadro de referencia de los árcangeles y arcangelinas				
Arcángel y arcangelina	**Rayo/ Color/ Chakra**	**Cualidades**	**Fíats**	**Ubicación del retiro espiritual**
Miguel y Fe	Primero/ Azul/ Garganta	Fe, protección, perfección, poder	Arcángel Miguel, !Ayúdame! !Ayúdame! !Ayúdame!	Banff, cerca del Lago Louise, Canadá
Jofiel y Cristina	Segundo/ Amarillo/ Coronilla	Sabiduría, comprensión, iluminación	Arcángel Jofiel y Cristina, ¡destella la llama de la iluminación en mí!	Sur de la muralla China cerca de Lanchow, centro norte de China
Chamuel y Caridad	Tercero/ Rosa/ Corazón	Amor, compasión, creatividad	¡Amado Chamuel! Te invoco para que hagas este fíat conmigo. En el nombre de Dios, YO SOY EL QUE YO SOY, en el nombre del arcángel Chamuel, ¡marchaos fuerzas del antiamor!	San Luis, Misuri, EE.UU.
Gabriel y Esperaza	Cuarto/ Blanco/Base de la columna	Guía, disciplina, orden, pureza	En el nombre de Gabriel y Esperanza, ¡YO SOY uno de los santos de Dios!	Entre Sacramento y el monte Shasta, California, EE.UU.
Rafael y Madre María	Quinto/ Verde/ Tercer ojo	Integridad, curación, visión, abundancia	En el nombre de Rafael y María, ordeno a mis cuatro cuerpos inferiores, ¡sed sanados!	Fátima, Portugal
Uriel y Aurora	Sexto/Morado y oro con rubí/ Plexo solar	Tranquilidad de espíritu, paz, hermandad	En el nombre del arcángel Uriel y Aurora, ¡Paz, aquiétate y sabe que SOY Dios!	Montes Tatra al sur de Cracovia, Polonia
Zadquiel y Santa Amatista	Séptimo/ Violeta/ Sede del alma	Libertad del alma, alegría, misericordia, perdón	En el nombre del arcángel Zadquiel y Santa Amatista, ¡YO SOY la libertad sobre la limitación! ¡YO SOY la bendición y el optimismo de la llama violeta!	Cuba

Los maestros ascendidos y los mensajeros han compartido mucha información acerca de cómo podemos comulgar con las huestes celestiales, amarlas y trabar amistad con ellas. Un buen punto de partida para relacionarnos con las huestes angélicas y enviarles amor es teniendo una autoestima sana.

Sentirse digno

Algunas personas sienten que los humanos no somos dignos de andar y conversar con los ángeles. Nada más lejos de la realidad. A propósito de este asunto, Elizabeth Clare Prophet ha señalado que deshacernos del sentimiento de indignidad y autocondenación nos permitirá conocer la presencia de los siete arcángeles en nuestra vida. Recomendó hacer un simple llamado para sacudirse de encima el polvo de la desaprobación: «Señor, yo soy digno. Hazme aún más digno»[15]. Decir esta oración a menudo puede hacernos saber con todo

---

[15] Mark L. Prophet y Elizabeth Clare Prophet, *The Lost Teachings of Jesus* (Corwin Springs, Mont., Summit University Press, 1994), pág. 168.

nuestro corazón que Dios no nos ha condenado, de modo que no hay razón para que nos censuremos o nos sintamos indignos. También podemos invocar la llama violeta para que transmute cualquier concepto erróneo u obstáculo que nos impida relacionarnos con los ángeles. Puesto que somos hijos e hijas de Dios, somos totalmente dignos de andar y conversar con las huestes angélicas.

Es asimismo ventajoso tener en cuenta que los ángeles nos ofrecen una ayuda inapreciable a la hora de llevar a cabo nuestra misión singular como hijos o hijas de la Divinidad. Por ello, no sólo es deseable sino importante que comulguemos con ellos y trabajemos con ellos. Somos dignos y ellos están esperando, así que sigamos adelante.

Comunicarse con los ángeles

Cuando deseamos relacionarnos con los ángeles, conviene tener en cuenta su forma de ser. Ellos, por naturaleza, viven en el reino del Espíritu. Se mueven entre nosotros y a nuestro alrededor pero rara vez se dan a conocer. He aquí algunas sugerencias para hacer que se sientan cómodos cuando están con nosotros:

- Mantén tu casa y oficina limpias y sin polvo. Es una sugerencia práctica de Elizabeth Clare Prophet que, ha advertido, les hará sentirse más cómodos. Es como poner un felpudo de bienvenida porque crea un entorno más cercano, en cuanto a vibración, al reino celestial que es su hogar.

- Haz que tus pensamientos, sentimientos y entorno sean más similares a los suyos. Algunos ejemplos serían albergar pensamientos que eleven y sentimientos amorosos, o sintonizarse con vibraciones de amor, paz, bondad y armonía como ellos encarnan.

- Rendirse continuamente a la voluntad de Dios establecida para tu vida. Ello da como

> resultado una doble bendición: acercarte a tu proyecto divino original y a las emanaciones de perfección y santidad de los seres angélicos.

Son sólo algunas ideas. Prestar cuidados y atención a tu estilo de vida puede conducirte a otras formas creativas de cambiar tu vida para hacer sitio a los ángeles.

En la medida en que nos esforzamos por construir relaciones con los ángeles, es beneficioso reconocer que ellos responden a nuestro amor. Por tanto, además de pedirles ayuda, expresarles nuestra devoción y agradecimiento por su presencia puede asimismo mejorar nuestra comunicación con ellos. Es bueno recordar que esos seres acudirán para comunicarse con nosotros a medida que progresemos en el sendero espiritual. Cuanta más luz acumulemos en nuestros chakras y cuatro cuerpos inferiores y menos energía negativa tengamos en el aura, más atraídos se sentirán a nosotros. Podemos aumentar nuestra luz y progresar más rápido en el sendero si nos esforzamos por mantener la armonía, lo cual a su vez nos permite sostener más luz. A ello hay que añadir que los maestros ascendidos y los ángeles nos bendicen y nos aumentan la luz para purificar, curar y elevar nuestro cuerpo, mente y ser. Puesto que nuestros chakras y cuatro cuerpos inferiores tan sólo pueden sostener una determinada cantidad de luz de una vez, si queremos acelerar nuestro sendero podemos valernos de la ciencia de la Palabra hablada, de la meditación y de otros ejercicios espirituales para acrecentar nuestra capacidad de retener la luz y atraer a las huestes angélicas.

Aparte de estas consideraciones, el resultado final es que puedes relacionarte más eficazmente con los ángeles cuando estableces un fuerte lazo con ellos en tu corazón. El mejor modo de lograrlo es comunicándote con ellos a diario. La siguiente meditación es una buena manera de empezar. Te invita a alejarte por unos momentos del ajetreado ritmo del día a día para estar a solas y simplemente hablar con los ángeles.

Meditación: *El contacto con los ángeles*

1. Ve a una habitación donde estés solo o a tu lugar favorito de la naturaleza. Asegúrate en lo posible de que nadie te interrumpirá.

2. Da el siguiente llamado breve: En el nombre de mi poderosa Presencia YO SOY y mi Santo Ser Crístico, llamo al arcángel Miguel: Establece un campo energético de protección alrededor de esta meditación. ¡Que sólo haya luz!

3. Establece tu propio campo energético de protección poniéndote de pie y recitando el decreto «Tubo de Luz» (versión corta) y la «Protección de Viaje» tres veces cada uno.

Tubo de Luz

Amada y radiante Presencia YO SOY,
séllame ahora en tu Tubo de Luz
de llama brillante Maestra Ascendida
ahora invocada en el nombre de Dios.
Que mantenga libre mi templo aquí
de toda discordia enviada a mí.

YO SOY quien invoca el Fuego Violeta,
para que arda y transmute todo deseo,
persistiendo en nombre de la libertad,
hasta que yo me una a la llama Violeta.

(recítese tres veces)

TUBO DE LUZ

Protección de Viaje

¡San Miguel delante,
San Miguel detrás,
San Miguel a la derecha,
San Miguel a la izquierda,
San Miguel arriba,
San Miguel abajo,
San Miguel, San Miguel,
doquiera que voy!

¡YO SOY su Amor protegiendo aquí!
¡YO SOY su Amor protegiendo aquí!
¡YO SOY su Amor protegiendo aquí!

¡Y con plena fe acepto conscientemente que esto se manifieste, se manifieste, se manifieste! ¡aquí y ahora mismo con pleno Poder, eternamente sostenido, omnipotentemente activo, siempre expandiéndose y abarcando el mundo hasta que todos hayan ascendido completamente en la luz y sean libres!
¡Amado YO SOY! ¡Amado YO SOY! ¡Amado YO SOY!

Arcángel Miguel

4. Colócate en una posición cómoda.

5. Respira hondo hasta que te sientas relajado y tranquilo. Al espirar, saca todo el estrés y la tensión de tu cuerpo, tu mente y tus emociones.

6. Lentamente, dirige tu atención al corazón y centra ahí tu conciencia.

7. Invita a los ángeles a estar a tu lado diciéndoles: «En el nombre de mi poderosa Presencia YO SOY, pido a los ángeles que trabajan conmigo que vengan y estén conmigo ahora, de acuerdo a la voluntad de Dios».

8. Cierra los ojos. Imagínate a los ángeles cerca de ti. Háblales, en tu corazón o en voz alta. Cuéntales tus problemas o hazles preguntas.

9. Escucha atentamente la respuesta de ellos. Ten paciencia. Aguarda a que sus indicaciones entren suavemente en tu conciencia.

10. Da las gracias a tus ángeles por estar contigo y envíales amor desde tu corazón. Diles lo agradecido que estás por su visita y deséales lo mejor hasta que os encontréis de nuevo.

11. Concluye la meditación entonando el OM.

12. Despacio, abre los ojos.

13. Escribe en tu diario los sentimientos, pensamientos, indicaciones o inspiraciones que te llegaron durante la meditación. Repítela siempre que quieras y toma nota de cualquier cosa inusual o diferente que ocurra en el transcurso.

Llamar a los ángeles

Otra manera sencilla de contactar y trabajar con los ángeles es llamándoles cuando tú u otra persona necesite ayuda o cuando pienses en ellos. Incluso cinco minutos al día de oraciones o decretos es un buen comienzo para estrechar lazos entre tú y los ángeles.

Ellos buscan personas que de forma regular invoquen la luz de Dios. Confían en esas almas como socios en la gran obra de curar al planeta y a sus habitantes. Mientras los individuos continúen llamando a los arcángeles y los ángeles establezcan un campo electromagnético a su alrededor, seguirán convirtiéndose en discípulos y estudiantes de esos seres celestiales. A medida que el tiempo pasa y su comunión con los ángeles crece con constancia, esas personas descubren que son capaces de contener cada vez más luz.

Quizás hayas experimentado la intercesión de los emisarios angélicos en tu vida, incluso sin invocarlos. Suele ocurrir cuando has tenido una relación ininterrumpida con Dios y sus ángeles en ésta y en anteriores vidas, aun cuando no seas externamente consciente de ello. También puede que recibas ayuda de los ángeles cuando tu alma clame a Dios desde un nivel de la mente subconsciente. La oración de un corazón sincero no articulada en palabras puede llegar al corazón de Dios y obtener respuesta inmediata. Estos seres elevados responden hasta la oración del deseo correcto. Pongamos por caso, si tienes un deseo ardiente de aliviar el dolor y sufrimiento de un ser querido, Dios lo reconoce y envía ángeles para ayudar. Pero aunque respondan a oraciones silenciosas o a intensos deseos sinceros, obtendrás una respuesta más contundente si les hablas en voz alta.

Podemos llamar a los ángeles para que hagan cualquier cosa. Siempre y cuando nuestras peticiones sean positivas, ajustadas de acuerdo a la voluntad de Dios, y no lastimen a otros o interfieran en el plan para la vida de otra persona, estos embajadores divinos contestarán al llamado y actuarán a nuestro favor. Mas, aunque siempre responderán a nuestras oraciones, no siempre lo harán del modo en que nos habíamos imaginado o exactamente como lo quisiéramos. Los ángeles ayudarán lo mejor que puedan, en función de cuál sea la voluntad de Dios, nuestro karma y nuestro plan divino. Así pues, siempre obtenemos ayuda en el marco de lo que es mejor para nuestra alma y según sea el momento oportuno establecido por Dios.

Ya hemos dicho antes que los ángeles respetan el libre albedrío y no se introducirán en una situación a menos que se les pida claramente. El maestro ascendido Saint Germain nos advirtió: «Recordad no olvidar; no olvidaros de asignar ángeles, no olvidaros de enviarlos, de amarlos, de darles órdenes, de iluminarlos y de ser iluminados por ellos, recordad no olvidaros de que vosotros también cuidáis de los altares del Altísimo»[16]. Como portadores de luz, debemos vigilar la luz de Dios dentro del altar de nuestro corazón, así como también la del planeta. Al llamar a las huestes angélicas y a los maestros ascendidos podemos aumentar la luz que mantenemos y traer más a la Tierra. Por ejemplo, podemos pedir a esos seres celestiales que detengan la guerra, ayuden a los pobres o a hallar el remedio para una determinada enfermedad. Podemos llamar a millones de ángeles que están a la espera de que se les ponga a trabajar.

Cuando mires las noticias y hagas llamados diarios sobre las situaciones que allí aparezcan, podrás asignar ángeles a lugares críticos del mundo. Con ellos pasarás a ser un participante activo en tu entorno y en la Tierra. Un ejemplo sería pedir a los

---

[16] *Pearls of Wisdom*, vol. 35, nº 65, pág. 731.

ángeles que evitasen un desastre climático inminente haciendo un llamado de este tipo:

> En el nombre del Cristo, pido a los ángeles que se ocupen del huracán que acecha la costa de la Florida. Haced que retroceda hacia el mar a un lugar donde no pueda causar daños. Consolad y auxiliad a todos aquéllos que sufran amenaza o se vean afectados por este huracán, y ayudad a cualquiera que se encuentre en una situación similar en el mundo. Lo acepto hecho ahora mismo con pleno poder, de acuerdo a la voluntad de Dios. Amén.

Llamar a las huestes angélicas es además una de las formas más efectivas de tratar con los desafíos de la vida, del más simple al más extremo. Dan respuesta a las oraciones con precisión, de modo que cuanto más concreta sea la petición, más exacta será la respuesta. Por ejemplo, si quieres dejar de fumar o vencer un problema con la depresión, y tu llamado a los ángeles menciona ese problema en particular, ellos acudirán para contestar a tu petición concreta. Una petición o llamado concreto y eficaz a los ángeles podría ser algo tan sencillo y rápido como:

En el nombre de mi poderosa Presencia YO SOY y Santo Ser Crístico, pido a los ángeles del séptimo rayo que me ayuden a tener más tacto y a ser más atento en la reunión que tengo esta mañana a las 10 con mis compañeros de trabajo.

Podemos reforzar estos llamados con decretos dinámicos, y seres angélicos de mucha luz se apresurarán a darles respuesta. Saint Germain se refirió al «decreto recitado con fuego, no simplemente recitar las palabras, como a veces os oigo, sino con el fervor del corazón que realmente mueve a los ángeles más elevados del cielo, los cuales dejan de cuidar del Sol Central para ver qué es ese fuego que arde ahora en el planeta Tierra»[17]. También señaló: «Los ángeles acuden a medida que las palabras salen de vuestra boca. Así que se dice el decreto, las bandas de ángeles se precipitan para llevar a cabo el fíat»[18]. Con tales palabras de aliento, que asemejan viento soplando sobre nuestras velas, parece lógico hacer del llamado a los ángeles una prioridad en nuestra vida.

---

[17] *Pearls of Wisdom*, vol. 29, nº 4, pág. 28.
[18] *Pearls of Wisdom*, vol. 29, nº 75, pág. 652.

Un plan práctico en diez pasos

Existen multitud de formas simples de trabajar con los ángeles. Elizabeth Clare Prophet ha diseñado un plan en diez pasos fácil de seguir y poner en práctica. Verás que es una sinopsis de gran parte del material ya presentado en este libro. La enseñanza completa sobre estos pasos se encuentra disponible en el libro *Cómo trabajar con los ángeles* (Porcia Ediciones, 2006).

Diez consejos para trabajar con los ángeles:

1. Haz espacio en tu vida a los ángeles. Limpia tu conciencia de negatividad, ruido, distracciones, y los ángeles se acercarán con mayor facilidad a ti.

2. Reza en voz alta. Hablar en voz alta siempre que sea posible propicia una respuesta más poderosa. Se trata de una realidad inherente a la ciencia de la Palabra hablada.

3. Utiliza el nombre de Dios «YO SOY EL QUE YO SOY». Ello invoca la energía de Dios y Su conciencia individualizada en tu Presencia YO SOY, abriendo así la válvula para dar paso al máximo flujo de luz.

4. Haz tus oraciones y decretos cada día. Aunque sólo sean unos pocos minutos al día, éstos establecerán una fuerte conexión con los ángeles.

5. Pide ayuda. La ley del libre albedrío requiere que pidas a los ángeles que entren en el plano físico para ayudarte con tu vida.

6. Repite los decretos y oraciones. Cuanto más repitas tus decretos y oraciones, más energía de luz estarás dando a los ángeles a modo de inversión para que te contesten.

7. Envía tu oración a la dirección correcta. Llama a los ángeles del rayo espiritual concreto que más se asocie con tu petición.

8. Concreta. Cuanto más concreta sea tu petición, más lo serán los ángeles para responderte.

9. Visualiza lo que quieras que suceda. Mantener una clara imagen mental de lo que desees ver que ocurra aumenta el poder de tu petición.

10. Espérate sorpresas. Los ángeles te ofrecen la mejor respuesta posible basada en lo más conveniente para tu alma en ese momento; y puede que no sea exactamente lo que esperabas.

Puedes recibir incalculables beneficios si sigues estos pasos al comunicarte con los ángeles que te rodean. Y el ángel más cercano a ti es tu ángel de la guarda.

Hazte amigo de tu ángel de la guarda

Cada alma de luz tiene un ángel de la guarda que es su mentor personal. Él camina y habla contigo, te corrige, entra en tu conciencia, te recuerda que no deberías continuar con un mal hábito, y te previene para que te mantengas alejado de personas que van a ser un perjuicio en lugar de una contribución a tu misión en la vida. Dios te ha asignado este ángel como un instructor personal, y ese instructor estará a tu lado en todas tus vidas hasta que finalmente alcances la unión con Dios por medio de la ascensión.

Las indicaciones que recibes de tu ángel de la guarda son infalibles. Los ángeles de la guarda pueden ver miles de años en el pasado y miles de años en el futuro. Saben lo que va a pasar. Y si les preguntas, ellos te dirán; siempre y cuando tengas oídos para oír. El hecho de obedecer a la voz de tu ángel te mantendrá en el sendero espiritual y puede conducirte a una gran victoria en esta vida.

Los siete arcángeles pueden enviarle a alguien muchos ángeles en respuesta a sus oraciones. Pueden ser docenas de ángeles que acudan a alguien en un momento dado. El ángel de la guarda es el que los dirige, pues sabe exactamente lo que el alma necesita y cómo ésta puede hacer un mejor uso de la luz que otros ángeles portan.

Tu ángel de la guarda trabaja con ángeles registradores, quienes graban tus pensamientos, palabras, actos y sentimientos, e incluso las tendencias de tu corazón. Quien guarda esas grabaciones es un ser llamado el Guardián de los Pergaminos, el cual sigue la pista de todo lo que has hecho desde que descendiste a la materia. Ello encaja en la descripción que realiza el islam de algunos ángeles como 'viajeros piadosos' que exploran el territorio y regresan a Alá para informarle de todo lo que han observado.

Muchas religiones del mundo han enseñado y siguen enseñando que a cada persona se le asigna un ángel de la guarda cuya tarea es vigilarla y cuidarla toda la vida. Como ya hemos mencionado, el islam enseña que cada alma posee cuatro ángeles guardianes. La iglesia católica enseña que cada alma fiel tiene su propio ángel de la guarda para protegerle y actuar como intercesor entre ella y Dios. Los católicos son exhortados a rezar a ese ángel por medio de una simple oración: «Ángel de la guarda, dulce compañía, no me desampares ni de noche ni de día. Amén».

Mientras sigas con tus quehaceres del día y te tropieces con los grandes y los pequeños desafíos que forman parte de la vida, acuérdate de llamar a tu ángel de la guarda: tu amigo celestial más íntimo.

CONOCE A...

Los mensajeros Mark L. y Elizabeth Clare Prophet

Mark L. Prophet nació en Chipewa Falls, Wisconsin (EE.UU.) el día de Nochebuena de 1918. Era hijo único y su padre murió cuando él tenía nueve años. De manera que lo crió sola su madre, una mujer devota. Durante los años siguientes a la muerte de su padre, Mark dio muestras de una extraordinaria devoción a Dios orando con gran fervor varias horas al día ante un altar en su desván. Siendo todavía un estudiante, recibió los dones del Espíritu Santo.

Tendría unos diecisiete años de edad cuando el maestro ascendido El Morya le contactó por primera vez. Ese verano Mark se encontraba trabajando en el ferrocarril, clavando clavos en una zona de la vía. Al levantar el martillo más arriba de la cabeza, El Morya le llevó a otra dimensión y le dijo que iría donde él estuviera cada día con el fin de enseñarle y revelarle algunos misterios de la vida. Lo que pudo parecer un encuentro de cinco minutos duró en realidad una fracción de segundo. Mark creyó que el ardiente Sol le había provocado alucinaciones, pero al día siguiente recibió un telegrama de El Morya confirmándole los pormenores de la reunión.

Debido a su educación ortodoxa, Mark comenzó a dudar sobre si las enseñanzas de El Morya encajaban en el cristianismo, de modo que se despidió del maestro. Morya se inclinó y respondió: «Que sea como has dicho, hijo mío». Años más tarde, Mark se percató de que las doctrinas de las iglesias ortodoxas no siempre se avenían con las enseñanzas que el Espíritu Santo había depositado en su corazón. Admitió que había cometido un error al rechazar al maestro y decidió ir en su busca. Tras un espacio de tiempo, éste regresó para reanudar su instrucción a Mark.

MARK L. PROPHET

Entre 1952 y 1958 escribió una serie de cartas de El Morya, llamadas *Ashram Notes* (Notas del Ashram), las cuales contienen profunda enseñanza y una serie de rituales diseñados para ayudar a las personas a elevar su conciencia y reducir el sufrimiento del mundo. En 1958, Mark fundó The Summit Lighthouse, siguiendo instrucciones de El Morya, con el propósito de publicar las enseñanzas de los maestros ascendidos. Poco después, empezó a publicar semanalmente enseñanzas de los maestros denominadas *Perlas de Sabiduría*, que aún hoy siguen editándose. A partir de 1960, organizó conferencias trimestrales para pronunciar mensajes —conocidos como 'dictados'— de los maestros ascendidos y para explicar sus enseñanzas. En 1961 fundó la Fraternidad de los Guardianes de la Llama bajo la dirección del maestro ascendido Saint Germain. En ese mismo año, Mark conoció a su llama gemela y futura esposa, Elizabeth Clare Wulf.

Elizabeth nació en 1939 en Red Bank, New Jersey (EE.UU.), hija de padre alemán y madre suiza. Lo que en su caso propició su búsqueda espiritual fue el recuerdo en la infancia de una vida anterior que tuvo en Egipto. Más tarde, asistió a la iglesia católica y visitó la sinagoga judía, así como todas las iglesias protestantes que había en Red Bank. Luego

ELIZABETH CLARE PROPHET

estudió las enseñanzas de Mary Baker Eddy, y también las obras de Mohandas Gandhi, Albert Schweitzer y Norman Vincent Peale, sus héroes del presente. Llevó a cabo estudios de lengua francesa en Suiza, asistió a la Universidad de Antioch y se licenció en Ciencias Políticas en la Universidad de Boston.

A la edad de dieciocho años, Elizabeth vivió una experiencia que dio un vuelco a su vida. Abrió un libro y vio una imagen del maestro ascendido Saint Germain. Le miró a los ojos y le reconoció como «el amigo más antiguo que había conocido». Fue una experiencia electrizante. Se dio cuenta de que tenía que realizar una misión para Saint Germain. «Tengo que encontrar a este maestro», se dijo. «Tengo que trabajar para él.»

El 22 de abril de 1961 asistió a un encuentro organizado por The Summit Lighthouse, donde conoció a Mark Prophet. Aunque su conexión fuera eterna y hubieran permanecido trabajando juntos en los retiros etéricos, ese encuentro marcó el comienzo en la vida actual de su misión conjunta en el exterior. En realidad, su misión era la de una pareja de llamas gemelas. Y, como tal, sigue vigente, independientemente de que estén o no juntos físicamente.

Los maestros ascendidos han revelado que Mark y Elizabeth son ángeles que han encarnado, y sirven en el rayo azul como chelas de su amado gurú, El Morya. Ambos vivieron con Jesús siendo el apóstol y escriba Marcos y Marta de Betania, respectivamente. También sirvieron juntos encarnados en Ikenatón y Nefertiti, Lancelote y Ginebra, el rey Clovis y la reina Clotilde de Francia, Hiawatha y Minnehaha, Luis XIV y su esposa, Maria Teresa, por nombrar algunas de sus más conocidas encarnaciones. Esas vidas muestran que las dificultades, las iniciaciones y las victorias son todas parte de la evolución del alma de las llamas gemelas. La misión conjunta de Mark y Elizabeth

en esta vida ha constituido la culminación de todas las anteriores, ya las vivieran juntos o separados.

Mark y Elizabeth se casaron en 1963 y tuvieron cuatro hijos. Bajo la dirección de El Morya, Mark preparó a Elizabeth para ser mensajera, y en julio de 1964 Saint Germain la ungió como mensajera de la Gran Hermandad Blanca. Juntos erigieron The Summit Lighthouse a partir de un grupo de devotos hasta llegar a convertirla en una organización mundial. En 1971 fundaron Summit

University para quienes desearan estudiar los senderos místicos de las religiones del mundo y obtener un conocimiento más profundo de las enseñanzas de los maestros ascendidos.

Desde que se casaron, Mark advirtió a Elizabeth de que no estaría mucho tiempo aquí. Trabajó sin descanso para publicar las enseñanzas de los maestros ascendidos y sentar las bases a fin de que ella continuase con el trabajo. Pasaron juntos doce años. Hasta que el 26 de febrero de 1973 Mark falleció a causa de un infarto. Había saldado el 71 por ciento de su karma y adquirido una enorme maestría gracias a las muchas vidas de servicio a la Gran Hermandad Blanca. Tras fallecer, se unió a Dios por medio del ritual de la ascensión y actualmente se le conoce como el maestro ascendido Lanello. Su retiro etérico se encuentra en Bingen, sobre el río Rhin, en Alemania.

Lanello continuó saldando el karma restante desde niveles internos y el 26 de febrero de 1997 había equilibrado el cien por cien. Tanto él como Elizabeth alientan con fuerza a los buscadores espirituales a que salden tanto karma como puedan mientras todavía estén encarnados. Ellos y otros maestros ascendidos advierten de que es diez veces más difícil conseguirlo desde niveles internos.

En julio de 1977, cuatro años después de la ascensión de Mark, el buda Padma Sambava dio a Elizabeth Clare Prophet el manto de gurú y un mes más tarde el maestro ascendido Confucio le concedió el título de 'Gurú Ma'. Un manto es una capa de energía, una red o campo energético de luz espiritual que lleva a niveles internos aquél o aquélla a quien la Gran Hermandad Blanca o un maestro ascendido patrocina. El 20 de febrero de 1997 Elizabeth Clare Prophet explicó que ese manto de gurú se halla donde está el Santo Ser

Crístico hasta que alcanzamos la unión con el Cristo. Asimismo, señaló que llevar el manto de gurú le permite ayudarnos a encontrar el camino de regreso a Dios. Sus estudiantes a veces la llaman 'Madre' a causa de su devoción a Dios en el aspecto de Madre, de manera similar a una madre superiora a quien se llama 'Madre', o a un sacerdote, que identificamos como 'Padre'.

Refiriéndose a su misión, Elizabeth dijo, con palabras humildes y sencillas: «Como mensajera de Dios, me veo sirviendo a la luz de Dios dentro de vosotros»[19]. A ello añadió: «Mi objetivo en la vida es ayudar a todas las personas a familiarizarse con su propia realidad divina [...], a llevar a los verdaderos buscadores [...] al nivel de conciencia donde puedan encontrarse con sus Maestros cara a cara»[20]. En otra ocasión explicó: «La única manera de llegar a Dios [...] es por medio de la llama de tu corazón. Yo no puedo hacerlo por ti; ni siquiera los maestros pueden hacerlo por ti. Ellos vienen a ayudarte para que lo hagas por ti mismo. Las enseñanzas de los maestros ascendidos en estos tiempos son un conjunto de herramientas

---

[19] *The Astrology of the Four Horsemen* (Corwin Springs, Mont.: Summit University Press, 1991), pág. 53.
[20] *Astrology of the Four Horsemen*, págs. 60-61.

para combinar uno mismo. Nos dan la instrucción, la fórmula; pero no sucede nada hasta que no lo hacemos.»[21]

Con grandes sacrificios en su vida personal, Mark y Elizabeth dedicaron su vida a la misión de difundir la comprensión de la cristeidad individual. Entre los dos han pronunciado unos tres mil dictados, publicado más de cincuenta libros, visitado y dado conferencias en seis continentes, y ofrecido guía y consejo amorosos a incontables individuos. Son místicos, instructores, pioneros de la espiritualidad moderna y un valioso ejemplo de almas que han andado por este sendero de cristeidad personal. Han seguido el camino trazado por los maestros ascendidos, obtenido los dones del Espíritu Santo y se han unido a su Santo Ser Crístico.

En 1995, Elizabeth tuvo un quinto hijo con quien fuera su esposo en esa época, Edward Francis. Recientemente se retiró de su ministerio público debido al brote de la enfermedad de Alzheimer y a la epilepsia, dolencia esta última que padecía desde niña. Aunque Mark ha ascendido y Elizabeth está retirada, su vida ha dejado tra-

---

[21] *The Great White Brotherhood* (Corwin Springs, Mont.: Summit University Press, 1984), pág. 63.

zas y un legado de enseñanzas de los maestros ascendidos para que todo el mundo pueda seguirlas en la era de Acuario. Muchos estudiantes de los maestros se han hecho eco de profundas experiencias con Mark y Elizabeth a niveles internos, en sueños y visiones.

Se conoce al maestro ascendido Lanello como el «gurú siempre presente». Al haber ascendido hace poco tiempo, entiende los desafíos que afrontamos y nos recuerda que le pidamos ayuda. «¡No os olvidéis de llamarme, pues mi nombre es Lanello!». También nos anima a elevar nuestra conciencia, expandirla y asimilar nuestra propia divinidad a fuerza de repetir el mantra que enseguida leerás. Él mismo afirma: «Estoy agradecido por el mantra que Dios me dio». También tú tienes que repetirlo: «¡He aquí, YO SOY el que está en todas partes en la conciencia de Dios!»[22]. Nos alentó a utilizarlo asegurándonos: «Si hacéis vosotros mismos el mantra, adquiriréis con rapidez más maestría».[23]

> ¡He aquí, YO SOY el que está en todas partes en la conciencia de Dios!

---

[22] *Pearls of Wisdom*, vol. 38, nº 13, pág. 133.
[23] *Pearls of Wisdom*, vol. 36, nº 19, pág. 250.

Invocar a los arcángeles

La ley del libre albedrío requiere que para que los ángeles y los arcángeles actúen en nuestra vida debemos pedirles que lo hagan. Podemos hacerlo en el silencio de nuestro corazón, por medio de oración, decretos y cualquier técnica de la ciencia de la Palabra hablada. De hecho, algunos fíats son muy efectivos en cuanto a invocar a los arcángeles. Podemos asimismo recitar un decreto especial al arcángel Miguel diseñado no sólo para llamarle a nuestro lado, sino también para permitirnos acceder a su manto de protección y luz. Con la asistencia de estos seres celestiales, nuestra vida puede recibir maravillosas bendiciones.

Pedir a los arcángeles y arcangelinas que actúen

Los propios arcángeles nos han dado una poderosa herramienta para nuestro sendero espiritual. Invocar nueve veces a cada uno de los siete arcángeles y a sus arcangelinas les da vía libre para actuar en nuestra vida y por todo el mundo. Antes de recitar esta serie de fíats, puedes dedicar llamados concretos a cualquier situación susceptible de mejorar con su servicio. Por ejemplo, podrías pedir más armonía en tu familia, que se elija a las personas adecuadas en la junta escolar local, o que se mitigue el malestar en Oriente Medio. Ninguna circunstancia que precise ser infundida de luz es demasiado pequeña o demasiado grande para recibir su ayuda. Los arcángeles y sus legiones aguardan a tus oraciones a fin de verter su luz a todo aquello que atraigas a su atención. ¡Por supuesto que no van a dejar la situación desatendida!

Otra cosa que puedes hacer es invocar a los arcángeles que sirven en un rayo determinado. Por ejemplo, los arcángeles Miguel y Fe, del primer rayo, responderán inmediatamente si haces el siguiente llamado con fervor y total atención:

¡Arcángeles Miguel y Fe! (nueve veces)

EJERCITA LA PALABRA HABLADA: *Fíats a los siete arcángeles*

Elizabeth Clare Prophet recomienda dar la serie completa de fíats a los arcángeles y arcangelinas revestido del ardor de todo tu ser, con el propósito de llegar a ellos e incitarles a actuar de forma inequívoca.

Repite los siguientes fíats a los siete arcángeles y arcangelinas nueve veces con todo el fervor de tu corazón y tus chakras.

¡Arcángeles Miguel y Fe! (nueve veces)
¡Arcángeles Jofiel y Cristina! (nueve veces)
¡Arcángeles Chamuel y Caridad! (nueve veces)
¡Arcángeles Gabriel y Esperanza! (nueve veces)
¡Arcángeles Rafael y Madre María! (nueve veces)
¡Arcángeles Uriel y Aurora! (nueve veces)
¡Arcángeles Zadquiel y Amatista! (nueve veces)

La Madre María y los siete arcángeles hablaron acerca de dar esta serie de fíats: «Si lo haces cada mañana y cada noche, no solamente habrá una elevación de la conciencia en todo el planeta, sino también por medio de nuestra llama de la Madre muchas almas de luz serán rescatadas. No sólo los arcángeles: también las arcangelinas avanzarán con vosotros. Si dais estos llamados religiosamente y lo hacéis a diario, estaréis sirviendo en medio de las maravillas de Dios y de las huestes angélicas. Veréis cuánta oscuridad y cuánto mal que hay en este territorio y por todo el mundo serán detenidos gracias a vuestra determinación»[24]. Los estudiantes que han ejercitado el uso de estos fíats saben que al darlos regularmente pueden atraer de arriba mayor poder y luz para lograr resultados decisivos en su vida, en su entorno y en el mundo.

---

[24] *Pearls of Wisdom*, vol. 44, nº 10, pág. 96.

Rodearse de la presencia del arcángel Miguel

Otro decreto enérgico al arcángel Miguel que puedes utilizar en tu vida diaria lleva por título «¡YO SOY Miguel, Miguel, Miguel!». Este decreto te ayuda a revestirte de la presencia electrónica del arcángel Miguel. La presencia electrónica de un ángel o un maestro ascendido es el campo electromagnético de energía, luz y fuego sagrado que él o ella ha reunido, sostenido y amplificado en el sendero espiritual. Es la presencia viva de ese ángel o maestro. Expresado en pocas palabras, es un duplicado de su conciencia que puede colocar encima de una persona.

Elizabeth Clare Prophet señalaba que también nosotros duplicamos a veces nuestra presencia electrónica. Piensa en aquellas situaciones en las que llamas por teléfono a un amigo íntimo o a un miembro de tu familia. Sabes en qué lugar están de su casa y puedes visualizarlos claramente. Les envías amor desde tu corazón y sientes casi como si estuvieras allí. Quizás ellos te digan: «Te siento cerca. Es como si estuvieras aquí conmigo». Ello no ocurre sólo por tu voz. Es porque has proyectado tu aura adonde ellos se encuentran.

Puesto que su conciencia es expansiva y son sensibles a la evolución de cada alma, los ángeles y los maestros ascendidos únicamente rodearán al suplicante con la cantidad de energía de su ser que sepan y entiendan científicamente que esa persona pueda aguantar. No sobrecargarán los circuitos del sistema del individuo. Así pues, es prudente pedir la presencia electrónica del arcángel Miguel (o de cualquier ser ascendido) sin temer o preocuparse de que vayas a recibir más luz de la que tus chakras, tu conciencia o tus cuatro cuerpos inferiores puedan sostener en un momento determinado. Él reducirá la luz a un nivel que te sea cómodo y que puedas absorber.

Otro hecho a destacar es que desde el estado ascendido un maestro puede multiplicar su presencia electrónica tantas veces como desee en respuesta a las oraciones de cualquiera que le invoque. Si cien, mil o un millón de almas llaman a un maestro al mismo tiempo, él puede de todos modos colocar su presencia electrónica encima de cada persona. Ello nos retrotrae al concepto adoptado por Lanello «¡He aquí, YO SOY el que está en todas partes en la conciencia de Dios!». Debido a que los maestros ascendidos ya se han unido a la conciencia de Dios, es fácil para ellos estar en todas partes enseguida o multiplicarse un número infinito de veces.

Revestirse de la presencia electrónica de un arcángel es una realidad espiritual. Cuando dices «¡YO SOY Miguel, Miguel, Miguel!» estás utilizando el nombre de Dios YO SOY para que el campo espiritual de luz y protección del arcángel Miguel se ajuste a tus cuatro cuerpos inferiores. Además, puedes pedir al arcángel Miguel que coloque su presencia electrónica encima de todas las almas de luz de la Tierra, extendiendo con ello la luz de Dios e inspirando a las personas a elevarse y a conducir una vida mejor.

El concepto de revestirse de la presencia electrónica del arcángel Miguel está plasmado en la Biblia. Elizabeth Clare Prophet afirmó que el autor del salmo 91:4 estaba hablando del arcángel Miguel cuando escribió: «Con sus plumas te cubrirá, y debajo de sus alas estarás seguro; escudo y adarga es su verdad».

La descripción del salmista nos viene como anillo al dedo para imaginar y visualizar los rayos de luz irradiando del arcángel Miguel y envolviéndote totalmente mientras le recitas el siguiente decreto. Visualízale encima de ti. A cada frase que recites, visualiza su luz aumentando y fluyendo a tu alrededor, siguiendo los patrones que forman tus palabras a medida que las vayas diciendo.

¡YO SOY MIGUEL, MIGUEL, MIGUEL!

En el nombre de la amada, poderosa y victoriosa Presencia de Dios YO SOY en mí, de mi muy amado Santo Ser Crístico, Santos Seres Crísticos de toda la humanidad, amados Arcángel Miguel y Fe y sus legiones de ángeles del relámpago azul, amado Lanello, todo el Espíritu de la Gran Hermandad Blanca y la Madre del Mundo, vida elemental: ¡fuego, aire, agua y tierra!, yo decreto:

¡YO SOY Miguel, Miguel, Miguel!
Dentro de su llama estoy
¡YO SOY Miguel, Miguel, Miguel!
En el nombre de Dios, YO SOY,
¡YO SOY Miguel, Miguel, Miguel!
Su llama ardiente de la fe
¡YO SOY Miguel, Miguel, Miguel!
¡Tan sincero su amor y poder!
¡YO SOY Miguel, Miguel, Miguel!
Me inclino ante la Luz y el Amor
¡YO SOY Miguel, Miguel, Miguel!
Prometo defender la Fe
¡YO SOY Miguel, Miguel, Miguel!
Recluto la Luz de los hombres

¡YO SOY Miguel, Miguel, Miguel!
¡América defiende!
¡YO SOY Miguel, Miguel, Miguel!
Su escudo de Fe me protege
¡YO SOY Miguel, Miguel, Miguel!
Su círculo y espada me cubren
¡YO SOY Miguel, Miguel, Miguel!
Mi armadura, el poder de su Amor
¡YO SOY Miguel, Miguel, Miguel!
¡Relámpago azul de lo alto!
¡YO SOY Miguel, Miguel, Miguel!
Protegido por el Verbo de Dios
¡YO SOY Miguel, Miguel, Miguel!
Capitán de las huestes del SEÑOR
¡YO SOY Miguel, Miguel, Miguel!
Sus legiones ahora descienden
¡YO SOY Miguel, Miguel, Miguel!
¡A los niños de la Luz, defiende!

¡Yo acepto que esto se cumpla ahora mismo con pleno Poder! ¡YO SOY esto cumplido ahora mismo con pleno Poder! YO SOY, YO SOY, YO SOY, la Vida Divina expresando Perfección de todas las formas y en todo momento. ¡Esto que invoco para mí, lo invoco para todo hombre, mujer y niño en este planeta!

ARCÁNGEL MIGUEL TRAS UN DEVOTO

Agradecimientos

Ofrecemos este libro con profundo amor a los maestros ascendidos Jesucristo, Kuthumi, El Morya y Djwal Kul, así como a los mensajeros Mark L. Prophet y Elizabeth Clare Prophet, sin quienes nunca se habría hecho realidad.

Asimismo brindamos nuestro grato reconocimiento a las siguientes personas, por su contribución profesional brillante y sensible:

Olivia Hoyt Gonzales, Donna Conte, Destyne Erickson, Louise Hill y Karen Gordon, por sus agudas correcciones y aportaciones estilísticas;

Virginia Wood, por sus ojos de lince en la corrección de pruebas; Linda Worobec, Stewart y

Judy Anderson, Dorothy Lee Fulton, Hans Roing, Kirsten Moody y Bruce Beall, por su inestimable pericia y asistencia en la producción del disco compacto;

Stewart Hill, Ronald Lichtwardt y Phyllis Blain, por su paciente ayuda en materia de visualizaciones, ilustraciones y permisos;

y Lynn Wilbert, por su creatividad en diseño, presentación e ilustraciones.

Summit University: Una universidad de religión, ciencia y cultura

En 1971, Mark L. Prophet fundó Summit University en Santa Bárbara (California, EE.UU.) con el fin de ofrecer cursos que estudiasen con detenimiento la salud, la espiritualidad y la conciencia. Es una moderna escuela de misterios cuyas enseñanzas se basan en las tradiciones espirituales de todo el mundo y en las grandes luminarias de Oriente y Occidente que surgieron de esos senderos: los maestros ascendidos.

Aproximadamente durante tres décadas, Summit University ejerció de plataforma para revelar las enseñanzas en estado original de los maestros ascendidos. Hoy por hoy, el equipo de Summit University se encuentra ordenando esta ingente cantidad de enseñanzas y convirtiéndolas en estructurados seminarios y cursos accesibles a los buscadores espirituales de todo el mundo.

Aventura del espíritu es el primer programa de estudios independiente que ha compuesto Summit University para aquellos interesados en explorar y asimilar las enseñanzas de los maestros ascendidos en la intimidad del hogar.

Los más recientes seminarios de esta universidad han incluido una diversidad de materias reunidas en títulos tales como «Experimenta con la luz en tu interior», «El camino del místico cristiano» o «El sendero del adepto oriental». Estos temas ahondan en la esencia mística de las principales religiones y tradiciones sagradas del mundo. Los cursos ofrecidos vía Internet, por otro lado, abarcan cuestiones como «la autocomprensión», «la ley cósmica», «el discipulado» y «budismo: amor y compasión en acción».

Los estudiantes de Summit University hallan numerosas oportunidades de practicar consigo mismos por medio de ejercicios introspectivos e interactivos, y asimismo de meditaciones y oraciones.

Los programas de Summit University cuentan con cursos por Internet, así como seminarios de fin de semana nacionales e internacionales y retiros que ofrecen estudios monográficos sobre temas diversos. Estos encuentros son, para muchos, verdaderas experiencias místicas, dado que cada seminario o retiro es auspiciado por uno o varios maestros ascendidos. El trabajo de los maestros con los estudiantes consiste en aportarles una percepción interna y profunda de su psicología y otorgarles dirección interna en su desarrollo espiritual. Summit University brinda la posibilidad de experimentar transformaciones intensas a los nuevos estudiantes, así como a los ya veteranos que llevan tiempo recorriendo el sendero espiritual.

Sinopsis de Aventura del espíritu *(primer curso)*

Lo ideal es que leas el primer libro de la serie a fin de prepararte para esta segunda etapa del viaje. Si no has tenido ocasión, éste es un breve resumen de los temas de los capítulos, toda vez que tales conceptos son la base para la comprensión de gran parte del material contenido en los capítulos del segundo curso.

1. **Nuestro origen divino** explica la manera en que fuimos creados como seres espirituales y cómo encajamos en el gran proyecto cósmico. Describe el modo en que nuestras almas descendieron desde los reinos del Espíritu a la materia y clarifica nuestra conexión con la Presencia YO SOY, esto es, nuestra manifestación individual de lo Divino. También proporciona una visión general de la meta final de nuestra reunión con la Presencia YO SOY, conocida como ascensión.

2. **El contacto con la divinidad interna** explora la relación entre los componentes básicos de nuestra estructura espiritual, en los que se incluyen el alma y el Yo Superior —la «Presencia

GRÁFICA DE TU YO DIVINO

YO SOY» y el «Santo Ser Crístico». Enseña asimismo a sintonizar con nuestra divinidad innata por medio de la chispa divina, que es la llama trina en nuestro corazón.

3. **Vivir una vida espiritual en un mundo material** expone que ser conocedor de que uno es un ser espiritual no siempre equivale a sentirse espiritual. Esta enseñanza sumamente práctica parte de lo que se te ha mostrado hasta el momento para ponerte de manifiesto cómo ser un ser espiritual aun viviendo en un mundo material. Te refiere datos acerca de la interrelación entre los distintos aspectos de tu naturaleza espiritual, así como el modo en que éstos operan y cómo los encuentros de la vida cotidiana nos afectan tanto positiva como negativamente.

4. **La expansión de flujo de la luz interior** trata sobre cómo la luz del Espíritu fluye dentro del organismo humano y la posibilidad de invocar a voluntad más de ella atrayéndola a tu vida. También se refiere este capítulo a tus centros espirituales, los chakras, y al modo en que la presencia o falta de luz en ellos puede tener repercusiones en tu conciencia y vida cotidiana. Se aportan asimismo métodos para proteger y expandir el aura,

la cual es el campo energético de luz que te envuelve. Tal vez lo más destacable es que concreta cómo los diversos modos en que empleas la luz divina guardan relación con la ascensión, esto es, la meta final de tu alma.

5. **Karma: bueno, malo y saldado** ahonda en las circunstancias y en la historia que nos han conducido hasta el lugar que nuestra alma ocupa hoy día. Explica cómo nuestras elecciones basadas en el libre albedrío —buenas o malas— han repercutido y repercutirán en nuestra experiencia física en el mundo. Muestra cómo el concepto oriental de «karma», el resultado de estas elecciones por el libre albedrío, se conecta con la teología occidental. Ofrece, además, algunas formas de ayuda para minimizar las difíciles consecuencias que entraña el entorno del karma negativo.

6. **Viaje al otro mundo: el pasado, el presente y el futuro** explora el concepto de reencarnación como componente decisivo en el misterio de la vida. Aborda la historia de la creencia en la reencarnación en todo el mundo. Y, estableciendo un paralelismo con la anterior explicación acerca de cómo el concepto oriental de karma se acomoda al cristianismo, este capítulo narra que la reencarnación

encaja en la teología occidental. Se presenta una pormenorizada descripción del argumento relativo a la reencarnación y sus ramificaciones; entre ellas, por qué debemos reencarnar y cómo a la postre podemos interrumpir ese ciclo de volver una y otra vez a encarnar físicamente.

7. **El destino final: la ascensión** describe el final feliz de tus numerosas vidas. Define el proceso de la ascensión: la gloriosa reunión con Dios que señala la cumbre de las experiencias de tu alma en el mundo físico. Clarifica el proceso de la ascensión, sus requisitos y cómo otros antes que nosotros han alcanzado esta victoria consistente en la inmortalidad.

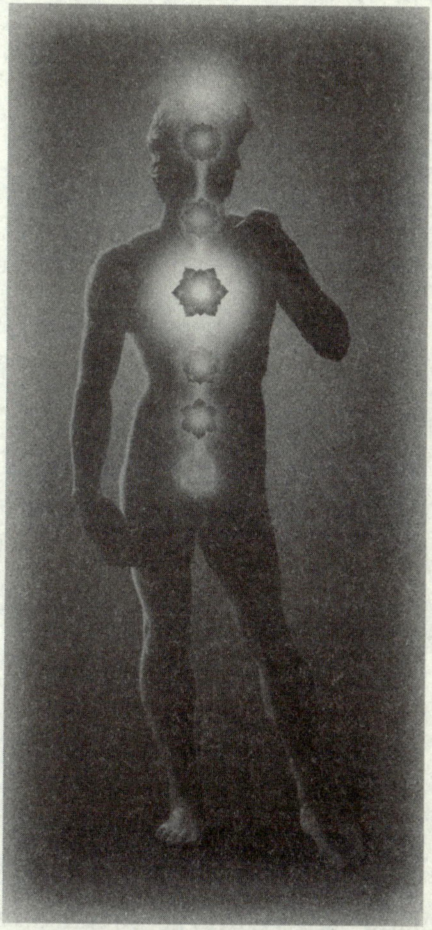

TUS SIETE CENTROS DE ENERGÍA

Saca el máximo provecho de Aventura del espíritu

La serie *Aventura del espíritu* es un curso independiente de estudio a distancia que te guía progresivamente por las etapas prácticas de desarrollo espiritual y te facilita la asimilación de las enseñanzas de los maestros ascendidos. Las siguientes recomendaciones y consejos para el estudio te permitirán aprovechar al máximo la *Aventura del espíritu* a la vez que cosechas a partir del material ofrecido los mayores beneficios que te sea posible.

Recomendaciones

1. Ten a mano un diario. Este curso se ha diseñado para seguirlo acompañado de un diario o cuaderno donde puedas poner

por escrito tus percepciones y reflexiones. Quizá desees reservar una parte de éste para escribir las experiencias con los ejercicios y meditaciones, y utilizar otra parte para tomar notas.

2. Empieza por el principio. Los capítulos y las lecciones de este curso son progresivas, y se basan en la información que se ha dado en lecciones anteriores. Es más fácil que obtengas lo máximo de *Aventura del espíritu* si comienzas por la lección 1 del primer curso, *Aventura del espíritu*, y avanzas gradualmente, y si de vez en cuando utilizas las herramientas de trabajo interactivo. Si ya estás leyendo el segundo curso *Conoce a los maestros* y todavía no has leído *Aventura del espíritu*, asegúrate de hacerlo y conseguir así la base imprescindible para una íntegra comprensión de los conceptos que se presentan ahora en el segundo curso.

3. Adopta una postura proactiva. La participación activa mejorará tu habilidad a la hora de asimilar la sabiduría de los maestros. Hacer los ejercicios y las meditaciones también contribuirá a que el material sea más aplicable a tu vida diaria. Recomendamos que utilices estas herramientas en su totalidad, reservándote suficiente tiempo y espacio para practicarlas.

Consejos para el estudio

1. Determina un tiempo fijo para estudiar y mantenlo. Pauta un ritmo de estudio estable dejando un espacio de tiempo entre una y otra sesión de estudio para obtener los máximos beneficios.

2. Fija tiempos cortos de estudio. Ciertas investigaciones han demostrado que dedicar períodos cortos al estudio proporciona un aprendizaje más eficiente.

3. Revisa las lecciones. Si pasan varios días entre las sesiones de estudio, te resultará útil efectuar un breve repaso del material de la lección previa antes de proseguir con la siguiente. Esto te permitirá reforzar los conceptos y términos ya presentados y prepararte para los nuevos que encontrarás en la siguiente lección. Si has tomado notas sobre lo que estás aprendiendo, estúdialo, si quieres, antes de continuar. Además, releer de qué modo interpretaste tus propias experiencias al hacer los diversos ejercicios y meditaciones te puede ayudar a refrescar lo que aprendiste, e, incluso, darte nuevas ideas.

Almas compañeras y llamas gemelas

Almas compañeras y llamas gemelas te ayudará a descubrir nuevos aspectos sobre las almas compañeras, las llamas gemelas y las relaciones kármicas. Entenderás por qué atraes ciertas parejas a tu vida. Y sabrás por qué motivo incluso la relación más difícil puede ser un trampolín que te catapulte hacia ese amor ideal que tanto has anhelado.

ISBN: 84-95513-64-1 160 páginas edición bolsillo

Cómo trabajar con los ángeles

Cómo trabajar con los ángeles te muestra la manera de entablar amistad con estos seres para que puedan brindarte apoyo de forma práctica y al tiempo personalizada, ya sea con su protección, inspiración, curación o consuelo.

Cuanto más aprendas a trabajar con los ángeles, más eficaz será su ayuda. Ellos te conducirán por un camino de ascenso que te permitirá atisbar tu Yo Superior.

ISBN: 84-95513-57-9 96 páginas 1ª edición bolsillo

Aventura del espíritu

Es un libro que consta de 7 lecciones, con ejemplos, historias reales, ejercicios, meditaciones y 86 ilustraciones, 22 de ellas a todo color. Se trata de un curso introductorio a las enseñanzas de los maestros espirituales de Oriente y Occidente que ayuda al lector a saber quién es desde un punto de vista espiritual, empezando por su origen espiritual y terminando por su destino final.

ISBN: 84-95513-20-X 264 páginas 14,5 x 21,5 cm

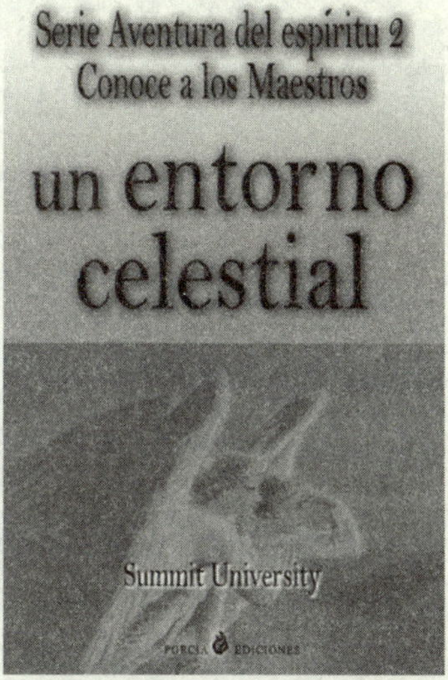

Un entorno celestial

Serie Aventura del Espíritu 2

Capítulo 1 Curso Conoce a los Maestros

El curso Conoce a los Maestros se entrega por lecciones en formato de libro de bolsillo. El libro *Un entorno celestial* corresponde a la primera lección.

En el proyecto de la evolución cósmica, llega un momento en que tu alma asciende y no permanece apegada a la tierra, sino que vive y se mueve en un cosmos rebosante. Aprende acerca de este cosmos mediante este libro.

ISBN: 84-95513-51-X 96 páginas 1ª edición bolsillo

La fuerza de la voluntad divina
Serie Aventura del Espíritu 2
Capítulo 2 Curso Conoce a los Maestros

El curso Conoce a los Maestros se entrega por lecciones en formato de libro de bolsillo. El libro *La fuerza de la voluntad divina* corresponde a la segunda lección.

Hay una energía impulsora que te da la fuerza para hacer un sueño realidad. Se la conoce como *el rayo azul* —la energía del Arcángel Miguel— y es de lo que trata este libro: de cómo invocarla, cómo mantenerla y cómo hacer que forme parte de tu vida.

ISBN: 84-95513-52-8 144 páginas 2ª edición bolsillo

Aprende mientras duermes
Serie Aventura del Espíritu 2
Capítulo 3 Curso Conoce a los Maestros

El curso Conoce a los Maestros se entrega por lecciones en formato de libro de bolsillo. El libro *Aprende mientras duermes* corresponde a la tercera lección.

Las oportunidades de aprendizaje en el cielo superan con creces las de las mejores universidades de la Tierra. Este libro explora cómo aprovecharlas en los viajes que hacemos fuera del cuerpo hacia los retiros etéricos, los cuales alojan aulas espirituales donde uno puede recibir instrucciones profundas impartidas directamente por miembros de la jerarquía cósmica.

ISBN: 84-95513-54-4 128 páginas 1ª edición bolsillo

Deshazte de la ignorancia

Serie Aventura del Espíritu 2

Capítulo 4 Curso Conoce a los Maestros

El curso Conoce a los Maestros se entrega por lecciones en formato de libro de bolsillo. El libro *Deshazte de la ignorancia* corresponde a la cuarta lección.

Deshazte de la ignorancia es un nuevo episodio de la serie Aventura del espíritu donde encontrarás cualidades primordiales como la sabiduría, la iluminación, la comprensión y el discernimiento que te ayudarán a saber más y a actuar a partir de una conexión más íntima con tu Yo Superior.

ISBN: 978-84-95513-67-0 128 páginas edición bolsillo

El aura humana
Predice tu futuro
Atrae abundancia
Activar los chakras
Un entorno celestial
Aventura del espíritu
El ángel de la escucha
Disuelve tus problemas
El Gurú de Saint Germain
Los años perdidos de Jesús
Aprende mientras duermes
El camino a la Inmortalidad
La fuerza de voluntad divina
Cómo trabajar con los ángeles
Mensajes para la era de Acuario
Karma, reencarnación y cristianismo
Nacer: una misión, otra oportunidad
Textos Perdidos. Karma y reencarnación
Destellos de sabiduría de los Arcángeles
María Magdalena, el alma gemela de Jesús
La respuesta que buscas está dentro de ti
Mensajes desde el retiro de Saint Germain
Destellos de sabiduría del Arcángel Miguel
Teresa de Jesús: una santa con karma por resolver
Saint Germain: alquimista, diplomático y maestro
Secretos de prosperidad. Abundancia para el siglo XXI
Ángeles de protección. El Arcángel Miguel
Ángeles de curación. El Arcángel Rafael
Ángeles del amor. El ángel de la guarda
Ángeles de la guía. El Arcángel Gabriel
Consigue lo que necesites del universo
Almas compañeras llamas gemelas
Ángeles del éxito. Los serafines
Tus siete centros de energía
Rosario al Arcángel Miguel
El sendero del Yo Superior
Deshazte de la ignorancia
El Señor de la curación
Ángeles de sabiduría
El destino del alma
Amor y compasión
El Arcángel Uriel
Luz y oscuridad
Meditación

Para pedidos y envío de libros a domicilio

Porcia Ediciones, S.L.
C/ Enamorados, 68 pral 1ª
Barcelona - 08013 (España)
Tel./ Fax (34) 93 245 54 76

o bien a:

Porcia Publishing Corp.
P. O. Box 831345
Miami, FL 33283 (USA)
Pedidos *toll-free*: 1 (866) 828-8972
Tel. (1) 305 364-0035
Fax (1) 786 573-0000

E-mail: **porciaediciones@bellsouth.net**

Web: **www.edicionesporcia.com**

Para cursos, seminarios y conferencias

Barcelona (España)	Tel. (34) 93 450 26 13 www.ccsaintgermain.org
Madrid (España)	Tel. (34) 91 758 12 85
Valladolid (España)	Tel. (34) 983 27 07 31

¿Desea enviarnos algún comentario sobre *La ciencia de los ángeles*?

Esperamos que haya disfrutado al leerlo y que este libro ocupe un lugar especial en su biblioteca. Es nuestro mayor deseo complacer a nuestros lectores, y, por ello, nos sería de gran ayuda si rellenara y enviara esta hoja a:

Porcia Ediciones, S.L.
C/ Enamorados, 68 pral 1ª
Barcelona - 08013 (España)

o bien a:

Porcia Publishing Corp.
P. O. Box 831345
Miami, FL 33283 (USA)

E-mail: **porciaediciones@bellsouth.net**

Web: **www.edicionesporcia.com**

Comentarios: ____________________________________
____
____

¿Qué le llamó más la atención de este libro? ________
____
____

¿Quiere recibir un catálogo de libros? SÍ NO
Nombre: ______________________________________
Dirección: ____________________________________
Ciudad: _________________________ C.Postal: ________
Provincia/Estado: ______________ País: ____________
Teléfono: ______________ E-mail: ______________

Línea de recorte

Club del libro

Porcia Ediciones publica cada 2 meses un libro nuevo relacionado siempre con las enseñanzas de los maestros ascendidos.

El *Club del libro* no tiene cuotas ni gastos de suscripción, sólo paga por cada libro que recibe. Las ventajas son:

- Recibir el libro en casa antes de que llegue a las librerías.
- Gastos de envío gratuitos (en España y USA).
- Un libro (del catálogo) de regalo al año de su suscripción.
- Si una novedad no resulta de su agrado, la retorna y le devolvemos su dinero.

Para suscribirse (es gratuito), rellenar esta hoja y enviarla a:

Porcia Ediciones, S.L.
C/ Enamorados, 68 pral 1ª
Barcelona - 08013 (España)

o bien a:

Porcia Publishing Corp.
P. O. Box 831345
Miami, FL 33283 (USA)
Pedidos *toll-free*: 1 (866) 828-8972

E-mail: **porciaediciones@bellsouth.net**

Nombre: ____________________________________

Dirección: ____________________________________

Ciudad: ____________________________ CP: __________

Provincia/Estado: ____________________________

País: __________________ Teléfono: __________________

E-mail: ____________________________________

Forma de pago (tarjeta de crédito o domiciliación bancaria)

____

Libro de regalo: ______________________________

Línea de recorte